AF579919

HISTOIRE GENERALE,

CIVILE, NATURELLE,

POLITIQUE ET RELIGIEUSE

DE TOUS LES PEUPLES DU MONDE.

G. 656.
A 4.

HISTOIRE GENERALE, CIVILE, NATURELLE, POLITIQUE ET RELIGIEUSE

DE TOUS LES PEUPLES DU MONDE,

Avec des Observations sur les Mœurs, les Coutumes, les Usages, les Caracteres, les différentes Langues, le Gouvernement, la Mythologie, la Chronologie, la Géographie ancienne & moderne, les Céremonies, la Religion, les Méchaniques, l'Astronomie, la Médecine, la Physique particuliere, l'Histoire naturelle, le Commerce, la Navigation, les Arts & les Sciences des différens Peuples de l'EUROPE, de l'ASIE, de l'AFRIQUE & de l'AMERIQUE.

Par M. l'Abbé LAMBERT.

TOME III.

A PARIS.

Chez PRAULT Fils, Quay de Conty, à la Charité.

M. D. C. C. L.

Avec Approbation & Privilege du Roy.

TABLE
DES CHAPITRES
Contenus dans le premier Livre.

LA BOHEME.

CHAPITRE PREMIER.

LA SILÉSIE.

LA MORAVIE.

L'AUTRICHE.

CERCLE ÉLECTORAL OU LE BAS RHIN.

Fin de la Table du premier Livre.

TABLE DES CHAPITRES

Contenus dans le second Livre.

LES PROVINCES-UNIES, ET LES PAYS-BAS.

CHAPITRE PREMIER.

QUels ont été les premiers habitans de la Hollande ; estime particuliere que les Romains faisoient de la valeur des anciens Bataves ; leurs mœurs, leur caractere, leur nourriture, leur habillement, cerémonies qu'ils observoient dans leurs assemblées ; leur passion pour la guerre, armes dont ils se servoient ; mœurs, usages, coutumes des Belges & des anciens Frisons, Religion de ces differens Peuples, leur gouvernement, diverses

Fin de la Table du III. Volume.

RECUEIL.

RECUEIL D'OBSERVATIONS.

CHAPITRE PREMIER.

De la Bohême, divers Peuples qui ont habité ce pays ; exemple ſingulier de modeſtie d'un de ſes premiers Ducs ; comment la Bohême a paſſé ſous la domination de la Maiſon d'Autriche ; état du Gouvernement préſent & des forces actuelles de ce Royaume ; Mœurs, Coutumes, Uſages, Idolâtrie & Cérémonies ſuperſtitieuſes des anciens Bohêmiens ; leur converſion à la Foi ; Gouvernement ſpirituel de la Bohême, bornes & étendue de ce pays, Rivieres dont il eſt arrosé, sa prodigieuse fertilité ; ses principales Manufactures ; Mœurs & Caractere des Bohêmiens ; description historique, géographique & phisique de Prague, de Caurzim, de Palitz, de Satditz, de Thescen, d'Egra, de Pitsen & de quelques autres principales Villes de ce Royaume.

E nom de la Bohême lui vient de *Boiohæmum*, qui étoit la résidence du Roi Maroboduus. Les Sueves étoient établis dans cette contrée ; ils avoient fait place aux Boyens, Peuples des Gaules, originaires du lieu où est aujourd'hui le Bourbonnois. Ce furent eux qui donnerent à leurs habitations le nom de Boioheim ; *heim* en Allemand signifiant habitation. Maroboduus qui en avoit fait sa Capitale, y avoit amené des Marcomans, Peuple dont il étoit Souverain ; de maniere que de son tems le Peuple de ce pays étoit composé de Sueves, de Boyens & de Marcomans. Ces Marcomans furent ensuite subjugués par les Slaves ou les Esclavons qui avoient à leurs têtes Zeko & Lecho ; ces deux freres se rendireut maîtres de la Bohême & de la Pologne.

Zeko vers l'an 550 commença de gouverner la Bohême ; son fils Craco qui lui succéda, mourut en 619, & ne laissa qu'une fille appellée Lubissa, qui régna après lui ; mais les Bohêmiens honteux de se laisser commander par une femme, obligerent Lubissa à se choisir un époux qu'elle associât au Gouvernement. Son choix tomba sur Primislas qui fut tiré de la charrue, & qui fut assez modeste pour vouloir qu'on gardât les sabots qu'il avoit apporté, afin de faire souvenir sa postérité de son origine.

Ce Royaume a été gouverné tantôt par des Ducs & tantôt par des Rois. Le dernier Roi de l'ancienne Race étoit Louis II, qui en 1526 fut tué par les Turcs près de Mochacz en Hongrie. Comme l'Empereur Ferdinand I avoit épousé la sœur unique de ce Prince, les Royaumes de Bohême & de Hongrie furent par là dévolus à la Maison d'Autriche. En 1618 les Bohêmiens songerent à rendre leur Royaume Électif,

& ils élurent en effet Frederic Comte Palatin du Rhin, mais ce fut là la source d'une longue & sanglante guerre qui ruina la Bohême. En 1723 lorsque Charles VI fut couronné Roi de Bohême; les Bohêmiens lui prêterent non-seulement foi & hommage, mais ils reçurent comme une loi fondamentale & perpétuelle la Pragmatique-Sanction touchant la succession héréditaire de Bohême qui avoit été faite en 1713.

La Bohême est composée de trois états, qui sont les Seigneurs, la Noblesse & les Bourgeois. La Régence de Prague est composée en tems de paix de quinze Intendans choisis entre les Seigneurs du pays. Ces Intendans président à tous les Tribunaux & Cours de Justice, & le premier de tout est grand Burgrave de Bohême. Tous les Édits & Arrêts s'expédient dans la Chambre de Bohême qui est à Vienne. Les revenus que la Reine de Hongrie tire annuellement de ce Royaume, peuvent monter à trois millions de florins. La Bohême peut mettre sur pied une armée de trente mille hommes, & fournir à tous les frais de ſon entretien ; elle peut même faire plus en cas de néceſſité, & en donner cinquante mille, comme cela paroît par la nombreuſe milice qui a été levée ſous le Gouvernement de la Reine d'aujourd'hui.

Ce n'a été que neuf cent ans après la naiſſance du Sauveur que les Bohêmiens ont embraſſé le Chriſtianiſme ; avant ce tems-là ils étoient tous plongés dans les ténébres les plus épaiſſes du Paganiſme & de l'Idolâtrie. Les forêts, les montagnes & les rivieres renfermoient un nombre infini de Divinités à qui ils rendoient leurs hommages, ils adoroient même juſqu'aux pierres. Ils enterroient leurs morts en pleine campagne ou dans des bois, & faiſoient ſur leurs tombeaux des jeux maſqués, dans la perſuaſion où ils étoient que les morts n'étoient point inſenſibles à ces derniers divertiſſemens qu'on leur procuroit. Les Bohêmiens étoient auſſi extrêmement adonnés à la ſorcellerie ; il y avoit même à Budeiz dans le Cercle de Flancz une Académie où l'on enſeignoit publiquement toutes ſortes d'Arts magiques.

Dans l'onziéme siécle les Vandois vinrent de France dans ce pays & changerent leur nom en celui de freres de *Bohême*. Quelque tems après les Wiclefites sortis d'Angleterre, firent la même chose; ensuite une partie des Bohêmiens réveillés par Jean Hus, secouerent le joug de l'autorité de Rome, & ils furent nommés Hussites, du nom de leur Réformateur. On les appella aussi *Calixtins*, du mot latin *Calix* un Calice, parce qu'ils soutenoient la nécessité d'administrer l'Eucharistie sous les deux especes. La Religion Protestante s'étant ensuite introduite dans toute la Saxe, elle fut aussi reçue en Bohême; mais ceux de cette Religion n'y ont plus aujourd'hui aucune Église.

Il n'y a qu'un seul Archevêque dans tout le pays, qui est celui de Prague, & il n'a que deux Suffragans, sçavoir, celui de Leutmaritz & celui de Kœniggratz. La plus illustre Communauté de filles qui soit en Bohême, est le Chapitre de Saint George, qui est à Prague. L'Abbesse, qui est ordinairement une Princesse, a l'honneur de mettre la Couronne ſur la tête de la Reine dans la cérémonie de ſon couronnement.

Les Juifs étoient autrefois tolérés dans la Ville de Prague, & on y en comptoit juſqu'à trente mille. Le 14 Décembre 1744 la Reine de Hongrie & de Bohême donna un Édit qui ordonnoit à tous les Juifs de la Bohême de ſortir du Royaume de Bohême, mais ils en furent quittes pour une ſaignée copieuſe qu'on fit à leur bourſe.

La Bohême portoit anciennement un aigle noir dans ſes armes, mais en 1158 l'Empereur Frederic Barbe-rouſſe lui ſubſtitua un lion à double queue, en reconnoiſſance des ſervices importans que les Bohêmiens lui avoient rendus dans la guerre de Lombardie.

La Couronne de Bohême a beaucoup de vaſſaux dans l'Empire, entr'autres trois Électeurs, ſçavoir, celui de Baviere, celui de Saxe, & celui de Brandebourg. Les Rois de Bohême ſont Électeurs & grands Échanſons du ſaint Empire.

Il y a en Bohême quarante Villes Royales qui ont voix & ſcéance dans l'assemblée des États du Royaume, soixante & une Villes Seigneuriales qui appartiennent à des Seigneurs ou à la Chambre des Domaines, cent cinquante Châteaux, deux cens dix Bourgs & vingt mille trois cens soixante-deux grands Villages.

Ce pays forme précisément un ovale d'environ deux cens cinquante lieues de circonférence; son diamétre du Levant au Couchant est de quatre-vingt-dix lieues, & de soixante & dix du Midi au Septentrion. Il a la Franconie & le haut Palatinat au Couchant, la Silésie & la Moravie au Levant, l'Autriche & la Baviere au Midi, & la Misnie avec la Lusace au Septentrion.

La Bohême est de toutes parts environnée de hautes montagnes, mais les rayons du Soleil se concentrent dans le plat pays; il est aisé de juger que la terre doit être suffisamment échauffée, cependant le raisin n'y croît pas, ou n'y vient pas à maturité. Le niveau de ce pays doit être très-élevé, puisqu'il en sort quantité de Rivieres, & qu'il n'y en entre aucune, excepté l'Éger qui y coule depuis la Franconie. Cette Riviere avec l'Elbe & le Moldau ſont les principales Rivieres qui arroſent la Bohême.

L'Elbe prend ſa ſource dans le Cercle de Buntzlau, près des Montagnes des Géans & des frontieres de la Siléſie, & après avoir reçu pluſieurs Rivieres, elle traverſe la haute & la baſſe Saxe & va ſe jetter dans la Mer du Nord. Le Moldau coule du Midi au Septentrion, traverſe la Ville de Prague, après quoi elle mêle ſes eaux avec celles de l'Elbe. L'Éger ou l'Égra a ſa ſource dans le Flichtelberg en Franconie, prend ſon cours du côté du Levant, & ſe marie avec l'Elbe.

Il y a en Bohême beaucoup de bains dont les eaux ſont très-eſtimées; les plus renommés ſont ceux de Toeplitz, de Kurusbad, & de Carlſtad qui fut découvert ſous le Régne de Charles IV en 1340. Cette découverte fut dûe à un petit chien, qui en chaſſant eut le malheur de s'y brûler les pattes. Les eaux minérales d'Éger ſont auſſi en grande réputation.

Les Montagnes dont la Bohême eſt

environnée font une partie de l'Hyrcinie ou de la forêt noire, qui s'étendoit autrefois tout le long de l'Allemagne, mais qui se trouve aujourd'hui entrecoupée dans plusieurs endroits. Près de Prague est la fameuse Montagne blanche, qui n'est composée que de chaux. Son nom fut rendu à jamais mémorable par la funeste bataille de 1620, où le Comte Palatin Frederic V exposa la Couronne de Bohême au jeu & eut le malheur de la perdre. Le Mont Thabor, qui en Bohêmien signifie un camp ou une tente, est situé dans le Cercle de Bechin. Cette Montagne a été ainsi appellée parce que les Hussites s'y retirerent en 1419, sous la conduite de Ziska, qui y fit tendre ses tentes dans l'endroit où il fit bâtir la Forteresse de Thabor; de là vient qu'on les nommoit aussi *Taborites*.

Outre les Rivieres poissoneuses qu'il y a en Bohême, les habitans ont presque par-tout un nombre infini d'étangs qui se trouvent tous remplis de poissons. Il se fait une abondante pêche de saumons dans le Cercle de Caurzim, car lorsque ces poiſſons ſont ſur le point de frayer ils ſortent de la Mer du Nord & remontent l'Elbe pour venir jouir de l'eau douce qu'il y a en Bohême. On trouve dans toutes les Rivieres une prodigieuſe quantité d'éturgeons, de lamproyes, & de truites.

Par-tout où il y a de grandes forêts on trouve beaucoup de gibier, comme des coqs de bruyeres, des bécaſſes, & des perdrix; les animaux domeſtiques ſont auſſi fort communs, ſur-tout les moutons. Les forêts fourniſſent quantité de bêtes ſauvages, comme de ſangliers, d'ours, de loups cerviers & de chats ſauvages.

Le terroir eſt par-tout fertile en froment & en orge; on peut aiſément juger de la prodigieuſe quantité que les voiſins en tirent, ſi on fait attention que pendant les guerres que l'Empereur Charles VI a eu contre les Turcs, la Bohême ſeule fourniſſoit ſouvent tout le grain qu'il falloit pour remplir les magaſins qui devoient ſervir à l'entretien des troupes. On recueille auſſi dans la Bohême beaucoup de houblon, de bled ſarasin, de millet & une grande abondance de toutes sortes de légumes & de fruits. Quoique les raisins ne viennent pas toujours, comme nous avons dit, à une parfaite maturité, les Bohémiens recueillent cependant assez de vin pour en pouvoir fournir à leurs voisins.

On peut mettre au nombre des plantes rares que fournit la Bohême le safran, le gingembre, le calamus aromatique & la racine d'*hyppolapathum*, ou la rhubarbe des Moines qui produit les mêmes effets que la rhubarbe véritable quand on double la dose.

On trouve dans ce Royaume des mines d'or, d'argent, de cuivre, de laiton, de fer, d'étain, des diamans, des ametistes, des topases, des saphirs, des hiacintes, des rubis, des turquoises, des carnioles, des grenats, des coraux, du jaspe, du cristal, de l'aiman, & on pêche aussi des perles dans la Riviere de Watava qui coule dans le Cercle de Prague : l'on peut dire enfin que le sel est l'unique chose qui manque à ce riche pays.

Il y a aussi dans ce Royaume beaucoup de papeteries & de moulins à poudre, de fabriques de draps & de toiles, & plusieurs verreries où l'on grave si artistement les verres, qu'on en transporte jusqu'en Amérique.

Les Bohêmiens ont naturellement beaucoup d'esprit, & sont bons soldats, mais un peu yvrognes, grands parleurs, & si grands voleurs qu'on n'ose pas aller la nuit dans Prague sans danger d'être détroussé, & dans la campagne on ne marche gueres que par troupe de trente ou quarante de crainte des brigands. Leur langue est l'Esclavone mêlée de plusieurs mots Allemands.

On comprend sous le nom de Bohême le Royaume particulier de Bohême, le Marquisat de Moravie & le Duché de Silésie ; le premier est vers l'Occident, & les deux autres sont vers l'Orient, l'un au Midi & l'autre au Septentrion.

La Bohême proprement dite, se divise en Orientale & en Occidentale. La Riviere de Moldau fait la séparation, & chacune de ces deux parties se divise en neuf Cercles ou petites Provinces.

Les neuf Cercles de la partie Orientale sont les Cercles de Prague, de Kaursim, de Bechin, de Czaslaw, de Chrudim, de Koniginkrays, de Glatz, de Boleslaw & de Leitomaritz.

Les neuf Cercles de la partie Occidentale sont Satz, Schlany, Kakonisck, Elnbogen, Egra, Podebroc, Pilsen, Muldare & Prachem.

Nous nous bornerons à ne donner la description que de quelques-unes des Villes les plus considérables renfermées dans ce Royaume.

La Ville de Prague est située au centre de la Bohême, & forme avec le district qui en dépend un État particulier. Cette Ville située sur le Moldau, comprend trois Villes, sçavoir, la vieille, la neuve & la petite Ville, & elle est bâtie sur sept montagnes, du haut desquelles on découvre la plus riante perspective. On y compte plus de cent Églises & autant de Palais.

Le Moldau qui traverse Prague sépare la petite Ville de la vieille & de la neuve. Le beau pont qu'on voit sur cette Riviere, est construit de pierres de taille, & il repose sur dix-huit arcades;

il a trente-cinq pieds de large ſur dix-ſept cens ſoixante & dix de long, & à chaque bout une forte tour. On voit des deux côtés de fort belles Statues. Une des plus remarquables eſt celle qui repréſente ſaint Jean Nepomucene, que le Roi Venceſlas fit précipiter du pont dans la Riviere en 1383, parce qu'il ne lui avoit pas voulu révéler ce que la Reine Jeanne Princeſſe de Baviere lui avoit déclaré ſous le ſceau de la Confeſſion. On découvre de deſſus ce pont une Iſle que le Moldau forme & qu'on nomme communément Veniſe.

La vieille Ville ſituée près du Moldau eſt fort peuplée; les maiſons ſont hautes & les rues fort étroites. Il y a deux grands édifices dont l'un s'appelle *Tein* & l'autre l'ancien Palais Royal; c'eſt-là que les anciens Ducs & les premiers Rois de Bohême faiſoient leur réſidence avant qu'on eut bâti le Château qui eſt dans la petite Ville. Le plus bel ornement de la Ville de Prague eſt l'Univerſité que l'Empereur Charles IV Roi de Bohême y fonda en 1347. Le nombre des Étudians ſe montoit ordinairement à quarante mille, mais depuis la guerre contre les Hussites on n'y en compte que sept à huit mille, dont la plupart ne vivent que des aumônes qu'ils vont mandier en chantant. A quelque distance du pont du Moldau se voit un superbe Collége de Jésuites. On y remarque encore aujourd'hui la maison qui servoit de prison au Roi Venceslas, & la chambre où il se baignoit, & d'où il trouva le moyen de se sauver en gagnant une servante qui lui en fournit l'occasion; c'est aussi dans cette Ville que demeurent les Juifs, & ils y ont neuf Sinagogues.

La Ville neuve entoure la vieille; on y voit de magnifiques édifices, de beaux jardins, & la plupart des rues sont larges & droites, bâties de Palais & de grandes maisons à la moderne. La rue du marché est la plus considérable. La Maison-de-Ville qui est près d'une grande Place attire les regards des curieux, aussi-bien que l'Église de sainte Catherine & le Collége des Jésuites. Cette Ville neuve est distinguée de la vieille par les anciennes murailles dont on a abbatu une partie, & rempli les fossés

pour

pour y bâtir des maisons. Dans une grande rue qui borde ces vieilles murailles sont plusieurs magasins faits en forme de grandes halles couvertes. La Maison-de-Ville qui est dans la grande Place est un bâtiment superbe pour le nombre & l'étendue de ses appartemens : on y voit de belles peintures qui représentent les Empereurs & les Rois de Bohême ; il y a plusieurs de ces Princes qui ont leurs figures placées contre la façade de ce grand Palais. On y voit aussi une tour d'horloge de divers mouvemens, comme celle de saint Jean de Lyon ; ses bas reliefs ne contribuent pas peu à son ornement, & à la faire paroître le chef-d'œuvre de cette grande Place, qui est d'ailleurs ornée d'une grande colonne de pierre avec une statue de la Vierge de bronze doré, & de quatre Anges tenant quatre Démons enchaînés au quatre coins. Assez près de là on voit un grand bassin à douze faces d'une pierre rouge, qui de loin paroît être du porphire. Les douze Signes sont gravés autour, & il y a une figure au milieu élevée sur un piédestal. Il y a dans cette Ville neuve plusieurs Églises, beaucoup de Maisons Religieuses & de Couvents, les Jésuites seuls y en ont trois.

La Princesse Libussa jetta les premiers fondemens de la petite Ville de Prague qui est la plus ancienne des trois. Il y avoit ci-devant une grande forêt, & l'on y voit encore un peuplier qui paroît être fort sain & qui est toujours verd, quoiqu'il ait plus de mille ans; une partie de cette Ville est bâtie dans un fond, & l'autre sur une montagne: c'est sur cette montagne que sont bâtis le Château Royal, le Radschin, & la Maison de Paille.

Le Roi Vladislas IV fit bâtir le Château Royal en 1485, & tous ses successeurs y ont fait leur résidence. On admire dans ce Château deux longues galeries ornées d'un grand nombre de fort beaux tableaux qui sont tous de Titien, de Raphaël, de Georgeon, de Tintorel, de Paul Verones, de Bassan, & des autres meilleurs Peintres. Ce qu'il y a de plus remarquable dans ce Palais est une salle qui a cent pas de long sur quarante de large, & dont le plafond n'est soutenu par aucun pilier. C'eſt-là que s'aſſemblent les États du pays & tous les Tribunaux de Judicature; on y voit encore la fenêtre par laquelle on précipita quelques-uns de ceux qui s'y étoient aſſemblés en 1618, & on a érigé ſur la place trois Statues en mémoire de cette journée, qu'on appelle la déféneſtration de Prague : l'Égliſe Cathédrale eſt dans ce Château.

L'Hôtel appellé Radſchin eſt contigu au Palais Royal, dont il eſt comme l'avant-cour : c'eſt-là que la Princeſſe Drahomire fut engloutie toute vivante par la terre en 921.

La Maiſon de Paille eſt un Chapitre de Prémontrés. On y voit encore l'endroit par où les Suédois entrerent à Prague en 1648. A l'oppoſite de cette maiſon & à une lieue de diſtance de la Ville eſt la fameuſe montagne blanche ſur laquelle ſe livra en 1620 la premiere bataille de cette longue guerre qui dura trente ans, où les Impériaux remporterent la victoire.

La petite Ville de Prague ſeule renferme cinquante-deux Palais, mais en général on peut dire de Prague que si elle peut passer pour une superbe Ville par rapport à ses Églises, à ses Palais & à ses rues, il y a bien de la misere dans les familles; on diroit d'ailleurs que les habitans ont tellement mis leurs biens à se bâtir des demeures ou commodes, ou magnifiques, qu'ils n'ont pas gardé de quoi faire nettoyer leurs Villes, tant les places & les rues en sont salles.

Les femmes de Prague qui ne sont pas habillées à la Françoise, portent des bonnets fourrés à la Grecque & des manteaux sur les épaules : ces manteaux sont longs comme ceux des hommes & à grands collets, les uns sont de satin doublé de tafetas, les jupes sont de même; on trousse le manteau & la juppe fort haut de peur des crottes. Les femmes du commun ont la tête bandée d'une toile assez large; les Juives en ont qui leur entourent le cou, & qui les font paroître des coqs en pâte; elles portent aussi des justes-au-corps noirs dont la manche est ouverte comme le pourpoint des hommes.

Caurzim est une ancienne Ville libre

d'une aſſez grande étendue : ſon nom en langue Bohêmienne ſignifie de la fumée & il fut donné à cette Ville parce que Lechus & Czechus, ces deux freres qui ont été les premiers Ducs de Pologne & de Bohême, faiſoient allumer un grand feu dans cet endroit-là lorſqu'ils vouloient ſe donner quelque ſignal.

Platz dans le Cercle de Raconitz eſt un Couvent de Religieux de l'Ordre de Ciſteaux où le Comte de Jarobſlaus de Martinititz ſe retira en 1618, après qu'il eut été jetté par les fenêtres d'un Château de Prague. Ce qu'il y eut de plus ſingulier dans cette avanture, c'eſt qu'il eut le bonheur de tomber ſur un fumier ſans ſe faire aucun mal ; ſon Secretaire qui fut obligé de faire le même ſaut, lui étant tombé ſur le corps, ſe releva promptement en lui demandant pardon de l'impoliteſſe qu'il venoit de commettre. Le Comte de Martinititz en reconnoiſſance de l'hoſpitalité que les Religieux de Platz avoient exercé envers lui, leur fit reſtituer beaucoup de terres qu'ils avoient poſſédées avant la guerre des Huſſites.

Staditz qui ſe trouve dans le Cercle de Leitomanitz eſt le Village où demeuroit le payſan Primiſlas que la Princeſſe Libuſſa choiſit pour époux. Il planta alors un tronc de coudrier ſec qui commença d'abord à pouſſer & porter du fruit la même année. C'eſt en mémoire de ce prodige qu'on verſe encore à préſent aux pieds du Roi le jour de ſon couronnement un boiſſeau de noiſettes, & que les habitans de ce Village ne donnent annuellement pour toute impoſition qu'une meſure de ce fruit.

Tetſchen, Ville ſituée dans le même Cercle a un Château fort bâti ſur un rocher, & une Fortereſſe frontiere de la Miſnie : ce Château étoit pourvû en 1744 d'une bonne garniſon. Les Autrichiens avoient jetté une ſi grande quantité de pierres & de bois dans l'Elbe, qu'elle ſe déborda, ce qui empêcha les Pruſſiens de mener leur grande Artillerie devant Prague. Pour en venir à bout, il fallut qu'ils ſe rendiſſent maîtres de ce Château, & qu'ils obligeaſſent les payſans à vuider le lit de l'Elbe.

Egre ou Egra, ſituée ſur une Riviere

de même nom, étoit ci-devant une Ville libre. Elle a été la demeure des anciens *Narisci* & ensuite des *Norici*. Cette Ville est assez bien bâtie, il y a un grand Conseil composé de cent personnes, dont dix-neuf doivent être des plus anciennes familles du lieu, & c'est de ce petit nombre qu'on choisit quatre Bourgue-Maîtres, outre cela il y a treize Échevins, & les soixante & huit qui restent sont nommés les Jurés. Ceux-ci jugent selon l'ancien droit de la Ville, & on ne peut appeller de ce Conseil qu'au Roi même. C'est dans le Château de la Ville d'Egre qu'Albert Walstein, Général de l'Empereur fut massacré par l'ordre de ce Prince. Les François se rendirent maîtres de cette Ville en 1742, mais ils furent forcés de capituler après un long blocus en 1743. Il y a à un demi mille de cette Ville sur le chemin de Schonberg, deux sources d'eaux minérales fort renommées.

Pilsen Capitale d'un Cercle dont elle porte le nom, est une Ville libre, mais qui n'est pas fort ancienne; la Ville qui portoit autrefois le même nom n'est plus aujourd'hui qu'un Village : la nouvelle Ville eſt aſſez belle, ſituée entre deux petites Rivieres qui ſe réuniſſent au-deſſous de cette Ville. Au Couchant & au Midi elle eſt défendue par un bon boulevard accompagné d'un bon foſſé. Au-dedans du foſſé il y a de bonnes murailles avec des jours & des baſtions ; comme le fond eſt de roche, il eſt difficile de la miner.

Taus ou Tuſta, Ville ſituée dans le même Cercle, a tiré ſon nom d'un événement aſſez ſingulier. L'Empereur Othon ayant condamné Boleſlas Prince de Bohême à tenir une chaudiere ſur le feu pour le punir d'avoir commis un fratricide. Le Prince las de ſe tenir ſi long-tems près du feu, voulut s'aſſeoir un peu à côté, mais l'Empereur lui cria en latin *tu ſta*, c'eſt-à-dire, tenez-vous debout. Cette avanture qui arriva en 964 fit nommer cet endroit-là Tuſta.

Kuttenberg, Ville dans le Cercle de Czaſlau, eſt aſſez bien bâtie ; près de là ſont les plus riches mines d'argent de tout le Royaume. Elle tire ſon nom du mot Allemand *Kutte*, qui ſignifie un froc

froc. Un Moine nommé Antoine trouva en 1237 un morceau d'argent dans cet endroit-là. Bien résolu d'y retourner, il laissa son froc sur la place pour pouvoir la retrouver plus facilement. C'est ainsi que ces mines furent découvertes, & c'est de là qu'on donna le nom de Kuttemberg, c'est-à-dire, montagne du froc à la Ville qui y fut bâtie.

Trutenau, petite Ville dans le Cercle de Roeniggræz est située sur la Riviere d'Upava, vers la montagne des Géans. C'est le lieu de naissance du fameux Zischa, Chef des Hussites. En 1647 les Suédois prirent cette Ville d'assaut sur les Impériaux. C'est près de là que le Roi de Prusse remporta une signalée victoire sur les Autrichiens le 30 Septembre 1745.

CHAPITRE II.

Des divers Peuples Payens qui ont habité la Siléſie, leur converſion à la Foi; conquête de ce Duché par le Roi de Pruſſe; changement avantageux fait dans le Gouvernement ſpirituel & temporel de cette Province; bornes & étendue de ce riche pays, ſes diverſes productions, Rivieres qui l'arroſent; raretés ſingulieres de la Montagne des Geans & de la Fontaine de Saint Jean; diviſion de la Siléſie; deſcription Géographique, Hiſtorique & Phiſique de Breſlau, de Lignitz, de Schweidtnitz, de Brieg, de Schweibuſen, du Grand Glogaux & de quelques autres Villes conſidérables de cette Province.

LEs premiers Peuples qui paroiſſent avoir habité la Siléſie ſont les Quades; les Sarmates Lechides leur ſuccéderent & fixerent leur demeure dans le pays. Du tems de Charlemagne let Silésiens s'étant joints aux Sclaves & aux Bohêmiens, attaquerent les frontieres de l'Emqire, & ce n'est gueres que depuis ce tems-là que les Silésiens commencerent à se faire connoître.

Ce pays embrassa la Religion Chrétienne lorsqne Miecislas régnoit en Pologne. Ce Prince en épousant la fille de Boleslas Roi de Pologne, embrassa la véritable Religion, & l'établit dans la Pologne & dans la Silésie qui demeura long-tems unie à la Pologne. Henri Duc de Breslau fut celui qui donna le commencement à l'union de la Silésie avec la Bohême par le Traité qu'il fit à ce sujet avec le Roi Venceslas. En 1290 & en 1337 toute la Silésie se soumit solemnellement au Roi Jean de Luxembourg.

La Maison d'Autriche étoit demeurée en possession de ce Duché jusqu'à l'année 1740. L'Empereur Charles VI étant mort cette année-là, le Roi de Prusse fit valoir les prétentions qu'il avoit sur quatre Principautés & sur autant de Seigneuries situées dans ce pays, & sur le refus que l'on fit de lui donner ſatisfaction, il entra à main armée dans la Siléſie. Cette premiere guerre dura depuis 1740 juſqu'en 1742 que l'on fit la paix. Cette paix fut de nouveau rompue en 1744 par l'invaſion des Pruſſiens en Bohême. Les grands avantages qu'ils remporterent mirent la Cour de Vienne dans la néceſſité de faire la paix; elle fut ſignée à Dreſde le 25 Décembre de l'année 1745. Par ce Traité on cede au Roi de Pruſſe la haute & la baſſe Siléſie, le Diſtrict de Katſcher avec les dix Seigneuries qui en dépendent, & le Comté de Glatz en entier; mais il fut ſtipulé que la Reine de Hongrie demeureroit en poſſeſſion de la Principauté de Teſchen, des Villes de Troppau & de Jagerndorf, de la Seigneurie d'Albendorf, & de celle de Hennerſdorf avec toutes ſes dépendances, juſques près de Zuekmantel.

Depuis que la Siléſie a été détachée du Royaume de Bohême, le Gouvernement tant Civil qu'Eccléſiaſtique a été avantageuſement changé.

La baſſe Siléſie a deux grands Conſeils de Régence, l'un à Breſlau, l'autre à Glogau : l'un & l'autre ont un premier Président, un Directeur, six Conseillers, quatre Secretaires, un Teneur de Registres, un Maître des Dépêches, six Messagers ou Couriers, un Procureur Général & deux Fiscaux. Par là on a aboli toutes les Capitaineries & les Baillages qui avoient lieu sous la domination de la Maison d'Autriche. Ces Conseils connoissent & jugent de toutes les affaires en premiere instance ; de-là on peut interjetter l'appel à la Chambre Souveraine de Berlin ; & si la chose est d'importance, on peut se pourvoir par Requête Civile par-devant le Roi même.

La haute Silésie obtint aussi en 1744 d'avoir un grand Conseil de Régence à Oppeln qui ne dépend pas des deux premiers, mais qui est établi sur le même pied. Il connoît & juge de tout ce qui concerne les sujets que le Roi de Prusse a dans la haute Silésie.

Il y a plusieurs Principautés dans ce pays qui ont leurs Princes particuliers. Leurs Terres se nomment Duchés ou Principautés médiates, & ils ont été obligés à une reprise de fief, & d'en faire hommage au Roi. Quand une Maison manque d'héritiers habiles, le fief retombe au Roi, & se nomme Principauté immédiate, & alors l'administration en est donnée à celui des grands Conseils de Régence qui est le plus proche. Quant aux États qui ont encore leurs Seigneurs particuliers, ils conservent leur Régence particuliere, de même que la Ville de Breslau.

Les Princes de Silésie ont conservé leurs droits, de sorte que quand il survient une difficulté au sujet d'une terre qui appartient à un Prince ou à quelque autre Seigneur, on juge selon ces mêmes droits.

Cette sorte de Justice se rend deux fois par an dans le grand Conseil de Breslau, & on réserve toujours à la partie lézée son recours au Roi.

Il y a aussi dans la basse Silésie, sçavoir, à Breslau & à Glogau deux Chambres particulieres pour la guerre & pour les domaines, dont chacune à un Président, & dont les Assesseurs sont appellés Conseillers du pays. Leur fonction eſt de faire la répartition & la levée des deniers Royaux.

A l'égard du Gouvernement Eccléſiaſtique, on a établi trois grands Conſiſtoires pour les ſujets Proteſtans, ſçavoir, un à Breſlau & un à Glogau dans la baſſe Siléſie, & le troiſiéme à Oppeln dans la haute Siléſie. Les membres des trois grands Conſeils de Régence ſont en même tems Aſſeſſeurs & Juges dans ces Conſiſtoires, avec cette différence qu'il y aſſiſte un Prélat Catholique, un Eccléſiaſtique Proteſtant & deux Conſiſtoriaux ſéculiers. La partie qui ſe croit lézée par le Jugement rendu dans un de ces Conſiſtoires peut également en appeller à la Cour Souveraine de Berlin, & de là au Roi.

Quant aux Catholiques, ils ont obtenu du Roi la confirmation du Vicariat Général, & on a conféré à l'Evêque de Breſlau le pouvoir de connoître & de juger de tout ce qui concerne le Clergé Catholique, tant dans la Siléſie que dans l'Électorat, mais le Roi s'eſt réſervé le droit de nomination aux Bénéfices & aux Charges Eccléſiaſtiques.

Au reste les Catholiques ont une parfaite & entiere liberté de conscience, ainsi que cela à été réglé par le Traité de paix de Silésie. Passons à l'Histoire naturelle de ce pays.

L'Oder partage la Silésie en partie Orientale & en partie Occidentale, & dans toute son étendue ce Duché forme comme une grande vallée par-tout environnée de montagnes d'où sortent de tous côtés plusieurs petites Rivieres qui se rendent dans l'Oder ; ces Rivieres sont la Neisse, le Boder, le Zueis, l'Oppe & l'Else.

Ce pays qui s'étend en longueur du Midi au Septentrion, a la Pologne au Levant, la Bohême au Couchant, la Moravie & la Hongrie au Midi, la Lusace & la Marche de Brandebourg au Septentrion. Sa longueur du Sud au Nord est de cent vingt lieues, mais sa largeur du Levant au Couchant n'est que de quarante lieues, de sorte qu'il a environ deux cent soixante lieues de circuit. On compte en Silésie cent Villes, trois cent cinquante-deux Bourgs, huit cent soixante-trois Châteaux, quatre mille Maisons de Gentils-hommes & plus de quarante mille Villages.

La plus grande Montagne de ce pays est celle qu'on nomme la Montagne des Géans, & qui sépare la Silésie de la Bohême. C'est sur cette Montagne qu'est la fameuse fontaine de saint Jean où l'on va en foule ou par devotion ou pour y boire des eaux de cette fontaine qui sont très-salutaires. Cette Montagne peut encore être regardée comme le barometre des Bohêmiens & des Silésiens, parce qu'elle présage tous les changemens de tems qui doivent arriver selon qu'elle est plus ou moins couverte de brouillards. L'on trouve aussi sur cette Montagne beaucoup de plantes rares & plusieurs mines d'or & d'argent. Il y avoit autrefois beaucoup d'autres mines semblables dans plusieurs autres endroits de la Silésie, mais il paroît qu'elles sont presque entiérement oubliées.

On trouve aussi en Silésie plusieurs especes de pierres précieuses, comme des diamans, des rubis, des topases, des éméraudes, &c. & on assure qu'on voit des nacres de perles dans la Riviere de *Zueis*.

La Siléſie eſt d'ailleurs riche en carrieres, en pierres de chaux, en charbon de pierres, en marbre & en albâtre. Elle fournit de l'antimoine, du verd de montagne, du ſalpêtre, du ſouphre, de l'alun, de la garance, du vitriol, du mercure, de la terre ſigillée & d'autres minéraux, mais elle eſt obligée de tirer ſon ſel de Pologne.

On nourrit dans ce pays une grande quantité de bétail, & il y a un grand nombre de bons haras. Comme la Siléſie eſt extrêmement peuplée, & que la plupart des bois ont été convertis en champs, le gibier y eſt devenu un peu rare; on n'y voit très-peu d'ours, de loups cerviers & encore moins de loups parce qu'il y a des récompenſes pour tous ceux qui en tuent.

La Siléſie abonde encore en toutes ſortes de grains & de légumes, mais ce qui rapporte le plus de profit aux habitans, c'eſt la culture du lin qui leur fournit de quoi faire ces belles toiles dont ils font un commerce d'autant plus riche qu'il eſt plus étendu.

On diviſe la Siléſie en dix-ſept petits

Duchés, & en ſept États ou Seigneuries libres ſans y comprendre le Comté de Glatz, les Duchés de Breſlau, de Lignitz, de Javer, de Schweidnitz, de Brieg, d'Oels, de Wolau, de Glogau, de Sagant & de Croſſem, dépendent de la baſſe Siléſie, de même que les cinq États ſuivans, ſçavoir, Wartenberg, Militſch, Trachenberg, Beuthen, Goſchuitz, & le Comté de Glatz.

Les Duchés que la haute Siléſie comprend ſont Munſterberg, Grotkau ou Maiſſe, Jacgerndorf, Troppau, Oppeln, Ratiſbar & Teſchen, avec les États ou Seigneuries de Pleſſe & de Beuthem. Nous nous contenterons de faire connoître quelques-unes des principales Villes renfermées dans ce Duché.

Breſlau Capitale de tout le pays, eſt ſituée au confluent de l'Oder & de l'Olaw. L'Oder forme deux Iſles qui ſont l'une & l'autre contigues à la Ville. La premiere eſt celle qu'on nomme l'Iſle de Sand où l'on voit l'Égliſe de ſainte Marie. La ſeconde de ces Iſles eſt celle qu'on appelle *Thum* ou *Dom* où eſt l'Égliſe de ſaint Jean qui eſt la Cathédrale. On y voit la magnifique Chapelle que Frederic Évêque de Breslau y fit bâtir en 1680, & où il voulut être inhumé. Il y a dans la Ville un Palais Royal qui a été donné aux Jésuites, & où ils ont fait bâtir une superbe Église : ils y établirent aussi une Université en 1702, qu'ils nommerent Leopoldine, à l'honneur de l'Empereur Leopold qui en est le fondateur. Breslau a trois places remarquables, la premiere qu'on appelle la grande place, renferme le superbe bâtiment de la Maison-de-Ville. La tour de l'horloge est, dit-on, la plus haute & la plus belle de toute l'Allemagne. Toutes les fois que l'horloge sonne l'heure, on entend sur une galerie d'en haut un concert de plusieurs trompettes & de quelques autres instrumens. Dans cette place qui est carrée, & peut avoir mille pas de tour, sont les magasins en façon de trois halles couvertes longues de plus de cinq cent pas, & remplies de boutiques où se vendent les marchandises les plus précieuses & les plus riches. Ces magasins au-dessous desquels il y a des boutiques de Merciers, de Clincaillers & autres, divisent la place en deux parties ; d'un côté sont les magasins, de l'autre les maisons des Marchands qui se servent de ces magasins, & d'un autre côté on voit de grands édifices très-bien peints par dehors, comme sont toutes les maisons dans cette Ville avec une architecture particuliere qui les fait paroître comme de petits Châteaux à cause des creneaux qui s'élevent le long du toit du côté qui regarde la rue.

Le Marché au sel est sans contredit la plus belle place de Breslau, si on a égard aux grandes & magnifiques maisons qui l'environnent.

La troisiéme place est le marché neuf peu éloigné de la belle Église de la Magdelaine, dont le bâtiment est à remarquer, aussi bien que la hauteur de ses tours pyramidales ; celle de sainte Élisabeth ne lui cede en rien pour la beauté de l'architecture. Les rues de Breslau sont droites & si larges, que si elles n'étoient pas si longues on verroit facilement d'une Porte de la Ville à l'autre.

Lignitz Capitale du Duché de ce nom,

eſt une des plus anciennes Villes de la Siléſie. Boleſias ſurnommé le haut l'entoura de murs & lui donna la prérogative de Ville. Il y fit ſa réſidence & l'orna de maniere que dès l'an 1175 elle étoit après Breſlau la premiere Ville du pays. Boleſlas le chauve embellit encore cette Ville qui étoit dans ſon partage, & comme c'étoit un Prince guerrier, il la fortifia. Elle eſt ſituée au confluent du Zatzbach & de la Swarte dans une contrée fort agréable, eſt munie de bons remparts & entourée de doubles foſſés remplis d'eau. L'Empereur Joſeph y établit en 1708 une Académie pour les jeunes Gentils-hommes, tant Réformés que Catholiques Romains, à laquelle il donna le nom de ſaint Joſeph.

Le Duché de Lignitz forme avec ceux de Breſlau & de Schweidnitz une eſpece de triangle. Les Ducs de Lignitz firent en 1537 un Taité de fraternité avec Joachim II Électeur de Brangdebourg; mais les États du Royaume de Bohême s'étant plaints à l'Empereur Ferdinand I de ce que ce Traité alloit directement contre les droits de la Couronne de Bohême, à laquelle les Duchés de Lignitz, de Brieg & de Wolau devoient être dévolus à l'extinction des familles qui les possédoient. Ferdinand I déclara en 1545 le Traité de 1537 nul & comme non avenu. L'Électeur de Brandebourg protesta contre cette décision, & le Duc de Lignitz étant mort en 1675 sans successeur habile à succéder. Frederic Guillaume surnommé le Grand, alors Électeur de Brangdebourg se présenta pour hériter de ces Duchés, mais l'Empereur Leopold s'en mit en possession, & George-Guillaume ne put l'empêcher. Il n'en arriva pas de même après la mort de l'Empereur Charles VI, car le Roi de Prusse aujourd'hui régnant fit revivre les droits qu'il prétendoit avoir sur ces Duchés, & en prit possession par la force des armes.

Schweidnitz une des plus belles Villes de la Silésie, est située sur la Westritz à dix lieues de Breslau. Elle a des rues larges, de belles Églises & des maisons très-bien bâties. On y voit une haute tour au haut de laquelle il y a une galerie où unmembre du Magiſtrat fut condamné à mourir de ſaim. Ce Conſeiller avoit une pie qu'il avoit accoutumée à entrer ſur le ſoir par une fenêtre dans un appartement de l'Hotel de Ville, & & de lui rapporter des pieces d'argent qu'elle trouvoit ſur la table. Cela ayant été découvert par le moyen d'un ducat qu'on avoit marqué exprès; le maître fut puni comme nous venons de le dire.

Brieg Capitale du Duché de ce nom, eſt une des meilleures & des plus belles Villes de la Siléſie; elle eſt très-bien fortifiée; ce qui la rend célébre, c'eſt un beau Collége où les Profeſſeurs ſont Luthériens, & une Académie où la Nobleſſe apprend les exercices. Les Pruſſiens qui l'aſſiégerent en 1741, y ayant jetté 2122 bombes, & 4714 boulets de canon, une grande partie de la Ville fut réduite en cendres. Cette place fut enfin obligée de ſe rendre après avoir ſoutenu pendant ſept jours un feu continuel. Les Pruſſiens ayant gardé cette place en vertu de la paix conclue peu de tems après, ils rétablirent & augmenterent les fortifications, & y bâtirent un nouveau Fauxbourg.

Schwi-

Schwibusen est une Ville ceinte de murailles avec quelqnes fortifications, un beau Château & d'assez grands Fauxbourgs. On voit aux environs de très-beaux jardins, de beaux vignobles & de grands Villages. L'Empereur donna en 1686 le Cercle de Schwisbusen à Frederic Guillaume, Électeur de Brangdebourg, afin qu'il se désistât des justes prétentions qu'il avoit sur le Duché de Jacgerndorf; mais après la mort de ce Prince, son fils Frederic III fut obligé de rendre ce Cercle à l'Empereur en 1695, au moyen d'une somme de 25 mille florins qu'il toucha, & cela parce qu'il s'étoit engagé à le faire lorsqu'il étoit encore Prince Électoral, ensuite le Duché de Glogau y fut aussi réuni. Le Roi de Prusse ayant fait revivre en 1740 les prétentions qu'il avoit sur le Duché de Jacgerndorf, exposa que son grand-pere ayant renoncé aux prétentions qu'il avoit sur ce Duché lorsqu'il n'étoit encore que Prince héréditaire, & ayant même été porté secrettement à le faire par des Envoyés de la Cour de Vienne, cette renonciation devoit être regardée comme ſubreptice, extorquée, & par conſéquent nulle.

Le grand Glogau Ville de la baſſe Siléſie, très-bien fortifiée, eſt comme le grenier qui fournit du grain à pluſieurs Peuples. Le territoire circonvoiſin eſt très-fertile, & on y nourrit quantité de bétail. L'Oder & les Étangs des environs fourniſſent du poiſſon en abondance. On appelle cette Ville le grand Glogau pour la diſtinguer du petit Glogau qui eſt ſitué dans le Duché d'Oppeln. Il y a dans cette Ville un beau Château, & on y voit encore la tour au haut de laquelle un certain nombre de Conſeiller furent condamnés par le Duc Jean en 1498 à mourir de faim. Les Pruſſiens étant entrés au cœur de l'hyver de l'année 1740 dans la Siléſie, ils ſe contenterent d'abord de bloquer cette place, mais ils la prirent enfin d'aſſaut, & en plein midi le 11 de Mars de la même année.

CHAPITRE III.

De la Moravie ; bornes & étendue de ce pays ; quelles sont les principales rivieres qui l'arosent ; ses différentes productions ; ancienne forme du Gouvernement de cette Province ; mœurs & coûtumes de ses anciens habitans ; réunion de la Moravie à la Boheme ; description géographique, historique & physique de ses principales Villes. De la Lusace ; bornes & division de cette Province ; mœurs & langage extraordinaires de quelques peuples qui én habitent une partie ; par qui cette Province est possédée ; ses diverses productions ; description de quelques-unes des principales Villes de ce pays.

LA Moravie, l'ancienne demeure des Marcomans & des Quades, tire son nom de la riviere Morave dont ce pays est arrosé, & qui, coulant du Septentrion au Midi, va se décharger dans le Danube. Cette Province peut avoir soixante lieuës de longueur du Levant au Couchant, & quarante de largeur du Midi au Septentrion. Elle est bornée au Nord, partie par la Boheme & partie par la Silésie, à l'Orient partie par la Silésie & par le Mont-Krapack, au Midi par la Hongrie & par l'Autriche, au Couchant par la Boheme, dont la frontiere va du Sud-Ouest au Nord-est.

Outre la Morave, qui arrose cette contrée, il y a encore l'Oder qui y prend sa source à quelques lieuës de la riviere de Fistritz, qui se jette dans la Morave assez près d'Olmutz. L'Oder coulant du côté du Septentrion, trverse la Silésie, la Marche, la Poméranie, & va ensuite perdre ses eaux dans la mer Baltique.

Ce pays est hérissé presque de tous côtés de montagnes & de forêts, & coupé par un grand nombre de ruisseaux & de rivieres. On y nourrit une grande quantité de bétail, & on y recueille beoucoup de grains. Le lin fait aussi une des principales richesses de ce pays; on y trouve, dans plusieurs endroits, de l'encens & de la myrrhe, mais qui n'a pas à beaucoup près les mêmes vertus que celle qu'on tire du Levant.

La Moravie a eu anciennement ſes Rois particuliers. Les Quades & les Marcomans, qui, comme nous avons dit, habitoient la Moravie, chaſſerent les Boiens de la Boheme, & fonderent, dans le ſeptiéme ſiécle, le grand Royaume de Moravie, qui ſubſiſta environ deux cens ans, & fut entierement délabré, lorſqu'on diviſa l'Empire d'Orient de celui d'Occident.

Ce fut environ dans ce tems-là que les Eſclavons, qui s'étoient habitués en Boheme, fonderent le Royaume de ce nom, duquel dépend encore aujourd'hui le Marquiſat de Moravie ; ainſi les habitans de ce pays deſcendent des Eſclavons, dont ils ont conſervé le langage juſqu'à préſent. La Moravie fut jointe à la Boheme, ſelon les uns, en 1040, & ſelon d'autres en 1048 ; on donnoit même ordinairement à un fils cadets des Rois de Boheme, le titre de Margraves de Moravie.

Louis II. dernier de ſa race, étant

mort en 1526. près Mohatz, la Boheme avec toutes les terres qui en dépendoient, tomberent à la Maiſon d'Autriche, qui en eſt encore en poſſeſſion.

Ce fut dans le neuviéme ſiécle que la Moravie fut convertie à la foi, par Cyrene & Méthodius, qui établirent un Evêché à Méthodius. Le Lutheraniſme fit quelque progrès dans cette Province, & particulierement dans la Ville d'Iglaw; mais cette ſecte fut bien-tôt après étouffée, & il n'y a plus que la Religion Catholique qui ſoit ſoufferte dans ce pays.

On le diviſe en ſix cercles, qui ſont Olmutz, Brinn, Iglaw, Znoym, Rvadich & Pereaw. Ces ſix cercles ont chacun leur Gouverneur particulier, qui ont le titre de Capitaines du pays. Olmutz, Brinn & Iglaw ſont les principales Villes de cette Province.

Olmutz, la Capitale de toute la Moravie, eſt une Ville très-peuplée, & fort bien fortifiée. Il y a une célébre Univerſité & un Evêque ſuffragant de Prague, qui dépend immédiatement du Papeil y a des Chanoines réguliers, à qui

Alexandre VI. donna le titre de Chanoines de Saint Jean de Latran. En 1741. il y avoit dans cette Ville une garnison de mille Autriciens, qui furent obligés de se rendre prisonniers & d'abandonner la place aux Prussiens, qui, l'année suivante, l'abandonnerent à leur tour. L'Evêque est Seigneur spirituel & temporel de la Ville. La Cathédrale, qui est fort belle, fut bâtie par Aladislas Marquis, de Moravie, frere d'Ottocare, Roi de Boheme, qui y fut enterré.

La Maison de Ville est isolée & détachée de tout autre bâtiment, deux des plus grandes rues d'Olmutz aboutissent à cette place, toutes les autres sont larges, droites & bordées de belles maisons dont tout le dehors est peint. Hors de la Ville est un Couvent de Chartreux, & l'Abbaye de Raditz, poste si avantageux pour défendre l'approche de la Ville de ce côté-là, qu'on l'a fortifié, & muni d'une bonne garnison.

Brinn est une forteresse très-considérable. Cette place est située au continent de la Zwite & de la Swarte. Les

Prussiens en formerent le siége en 1742; mais ils furent obligés de le lever; les Etats de Moravie se tiennent à Brinn, de même qu'à Olmutz. Ce qu'il y a de plus remarquable dans cette Ville, c'est le Cloître de Saint Thomas où Jean Marquis de Moravie, frere de l'Empereur Charles IV, & Josse le barbu son fils, élû Empereur, sont enterrés.

Hors de la Ville, sur une hauteur, est le Château des Pibberg, assez fortifié par la nature & par l'art, enfermé & entourré d'un double fossé, & d'une double muraille; sans ce Château, la Ville seroit de peu de défense. Elisabeth, femme du Roi Venceslas, morte l'an 1305, & ensuite du Roi Rodolphe, étant veuve de ce dernier, bâtit dans le Fauxbourg de Brinn, un Monastere de fille de l'ordre de Citeaux, que l'on appelle le riche Cloître, ou le Cloître de la Reine.

Iglaw Ville bien peuplée & bien fortifiée, est renommée pour les bons draps qu'on y fabrique. Elle fut prise en 1742 par les Prussiens. L'an 1522 Louis Roi de Hongrie & de Boheme, fit venir à Olmutz

Olmutz les habitans de cette Ville, & leur ayant reproché, en des termes très-vifs, qu'ils s'étoient laissé séduire par Speratus & avoient changé de Religion, il les menaça de faire un exemple des principaux d'entr'eux; Speratus lui-même fut enlevé & mis en prison; avec le tems il n'y a plus eu que l'exercice de la Religion Catholique qui y soit permis.

De la Lusace.

La Lusace, Province d'Allemagne dans la Saxe, à laquelle elle a été reunie, après en avoir été détachée autrefois, est bornée au Nord par le Brandebourg, à l'Orient par la Silésie, au Midi par la Bohême, & au Couchant par la Misnie. Cette Province est située entre l'Elbe & l'Oder, & a quarante lieuës de longueur sur trente-six de largeur. Ses principales rivieres sont la Sprée, la Neisse, la Queis & l'Elsternoire. Ce pays ne manque d'aucune des choses nécessaires à la vie, il produit en particulier beaucoup de lin, dont les habitans font des toiles en quoi consiste leur principal commerce.

Ce pays a eu autrefois ses Margraves particuliers, ensuite il fut uni à la Couronne de Bohême; mais par la paix de Prague conclue en 1635, il fut cédé pour toujours à l'Electeur de Saxe. L'Electeur de Brandebourg y possede aussi quelques endroits qui lui furent conservés par la même paix, & dont le Roi de Prusse est encore aujourd'hui en possession.

On trouve encore dans plusieurs endroits de la Lusace, des peuples qui ont conservé les mœurs & l'habillement des anciens Vandales, dont ils tirent leur origine. Ils usent entre eux d'un langage si peu articulé, qu'ils pourroient parler quand ils n'auroient ni levres, ni dents, ni langue, ce n'est qu'un son informe qui sort confusément de leur gosier. Les Vandales dont ils descendent, firent anciennement une assez grande émigration du Meckelbourg, & se répandirent dans la Marche de Brandebourg & dans la Lusace, qu'ils ravagerent d'abord; mais plusieurs s'y habituerent ensuite. Les Chrétiens étant devenus dans la suite les plus puissans, ils ne firent pas périr tous les Vandales, mais ils les condamnerent à un esclavage perpétuel, dans lequel vivent encore leurs descendans, ausquels il est défendu même aujourd'hui d'apprendre aucun métier, quoiqu'il y a encore dans la basse Lusace quelques Bourgs qui ne sont peuplés que de Vandales.

La Religion Protestante est la dominante dans ce pays, mais il y a deux Couvens dans la haute Lusace, & un dans la basse. Les Réformés ont aussi un libre exercice de leur Religion dans les endroits de la basse Lusace, qui appartiennent au Roi de Prusse.

Il y a dans la haute Lusace quatre Seigneuries immédiates, & un grand nombre de Châteaux.

Bautzen, Capitale de tout le pays & située sur la Sprée, est ceinte d'une double muraille, entourée de fossés, & munie de quelques fortifications; le Château, qui est bâti sur un rocher, est l'endroit où le grand Baillif fait sa résidence, & où se tient l'assemblée des Etats. L'Eglise de Saint Pierre appartient aux Catholiques Romains, & la nef aux Proteſtans. Il y a auſſi une Egliſe dans cette Ville où l'on prêche en langue Vandale.

A quatre lieuës de Bautzen eſt la riche Abbaye de Marienſtern. Ce Monaſtere eſt composé d'une Abbeſſe & de vingt Demoiſelles de qualité. Une Abbeſſe qui étoit de la Maiſon de Biberſtein, ayant hérité de ſon frere de ſept Villages en fit donation au Couvent, qui les poſſede encore aujourd'hui.

Mariental eſt un autre Chapitre de Demoiſelles Catholiques ; pluſieurs beaux Villages, & la petite Ville d'Oſtritz ſituée entre Zitau & Goerlitz dépendent de ce Chapitre.

L'Electeur de Saxe poſſede dans la baſſe Luſace les Villes de Luceau, de Guben, de Calan, de Luben & de Spremberg qui forment autant de cercles ſéparés.

Les cinq Villes qui appartiennent au Roi de Pruſſe ſontCotbus, Peitz, Peſcau, Strokan & Sommerfeld.

Il y a, outre cela, dans la baſſe Luſace treize Baronies ou Seigneuries franches.

CHAPITRE IV.

Du cercle d'Autriche, comment ce pays eſt tombé ſous la puiſſance de la Maiſon d'Autriche; bornes & étendue de cette Province, ſa prodigieuſe fertilité; de la baſſe Autriche; deſcription de Vienne ſa Capitale; de la haute Autriche; deſcription de la Ville de Lintz; Etats qui dépendent de l'Autriche, de la Stirie; conquête de cette Province par Rodolphe, bornes & ſituation de la Carinthie, cérémonies ſingulieres qui s'obſervent au couronnement des Ducs de Carinthie; du Duché du Carniole, Lac ſingulier qui ſe trouve dans cette Province, quantité extraordinaire de mercure qu'elle produit; du Tirol; étendue & diviſions de cette Province; deſcription d'Inſpruck, d'Amras, de Trente & de Brixen.

L'Autriche a fait partie de la haute Panonie des anciens, & puis du Royaume de Baviere. L'Empereur Rodolphe, qui, de Comte de Hasbourg, étoit devenu Empereur, revendiqua l'Autriche sur Ottocare Roi de Bohême, qui lui contestoit son élection : jaloux de voir élevé à la dignité d'Empereur un homme qui avoit été son Majordome, Ottocare se voyant à la fin contraint de preter serment de fidélité à Rodolphe, demanda en grace que l'Empereur voulût se contenter de recevoir son serment dans la tente de son camp, sans l'obliger de venir à sa Cour, Rodolphe y consentit; mais la tente fut dressée de telle maniere que les courtines tomberent par terre, au moment qu'Ottocare se fut agenouillé devant l'Empereur pour lui faire hommage, de sorte que ce Prince fut vû de toute l'Armée Impériale, & de tous les Seigneurs de sa suite, prosterné aux pieds de celui à qui il commandoit auparavant.

Depuis l'Empereur Rodolphe chercha de nouvelles querelles à Ottocare pour lui arracher l'Autriche, il prit entre autres pour prétexte, que ce Duché étoit un fief masculin, qui, au défaut des mâles, avoit dû revenir à l'Empire,

& là-dessus en 1274. il nomma son fils Albert Duc d'Autriche. Cette entrepr le fit prendre les armes à Ottocare, & l'engagea dans une bataille où il perperdit en même-tems la vie, l'Autriche & les Provinces qui y sont jointes. Les descendans de ce Rodolphe ont conservé l'Autriche, & en ont pris le nom, comme plus illustre, sans contredit, que celui de Hasbourg. En 1474, l'Empereur Frédéric le penitent érigea ce Duché en Archiduché pour son fils Maximilien, qui fut depuis Empereur.

Le nom d'Autriche vient du mot Latin *auster* qui signifie le midi, & ce pays a été ainsi nommé, parce qu'il faisoit la partie australe, ou méridionale de l'ancien Royaume de Baviere. Peu de pays plus fertile que celui-là ; il produit toutes sortes de grains & de fruit, du vin en abondance. Le gingembre, le calamus aromatique & le safran y croissent également en quantité. Le grand nombre de fleuves & de rivieres qui s'y trouvent sont autant abondantes en poisson & en écrevisses, que les forêts le sont en cerfs, en chevreuil & en sangliers. Il faut ajoûier à tout cela les riches salines dont ce pays est pourvû, & qui y font entrer plus de deux millions par an.

L'Autriche a environ quatre-vingt lieues de longueur sur trente-six de largeur. Elle est bornée au Nord par la Bohême & la Moravie, au Levant par la Hongrie, au Midi par le Duché de Stirie, & au Couchant par la Baviere & par l'Évêché de Saltzbourg. La Religion Catholique est la seule qu'on professe publiquement dans toute l'Autriche.

La Riviere d'Ens sépare cette Province endeux parties, ce qui est situé au Couchant de cette Riviere se nomme la haute Autriche, & ce qui est du côté du Levant s'appelle la basse Autriche.

De la basse Autriche.

La basse Autriche renferme quarante-cinq Villes, cent vingt Bourgs, trois mille six cens cinquante Villages, & quatre cens vingt-quatre Châteaux. On la divise en quatre quartiers qui sont le bas Wienerwald sur les frontieres de

Hongrie, le haut Wienerwald ſur les frontieres de Stirie, le bas Manhartſberg ſur les frontieres de la Moravie, & le haut Manhartſberg ſur les frontieres de la Bohême.

Vienne la Capitale de toute l'Autriche & la réſidence des Empereurs ne contient que mille deux cens & quelques maiſons ; mais les édifices publics tant ſacrés que profanes occupent la ſixiéme partie de la Ville. Il faut de plus obſerver que ces maiſons ont la plupart ſix ou ſept étages dont le milieu eſt toujours à la diſpoſition de l'Empereur qui y fait loger ſes Officiers & ſes domeſtiques lorſqu'il n'y a pas aſſez de place pour eux dans ſon Palais.

Si cette Ville paroît avoir peu d'étendue, elle eſt en récompenſe accompagnée de Fauxbourgs ſi ſpacieux qu'on y compte juſqu'à cinq cens mille habitans. Entre la Ville & ces Fauxbourgs il y a une place de ſix cens pas de large ſur laquelle il eſt défendu de bâtir. On voit dans les Fauxbourgs un grand nombre de maiſons de plaiſance, accompagnées de très-beaux jardins.

Vienne a ſix portes bien défendues, & douze baſtions murés avec de bons ravelins. L'intérieur de la Ville eſt partagé en quatre quartiers; on y compte quatre-vingt rues, & dix-huit grandes places.

Outre le Palais Impérial qui n'a rien de fort magnifique, il y en a pluſieurs autres diſperſés dans différentes rues, dont les principaux ſont celui du Prince Eugene, celui de Lichkenſtein, & celui de Daun.

De tous les édifices ſacrés, le plus digne d'attention eſt l'Égliſe Cathédrale de ſaint Étienne; elle eſt toute bâtie de pierres de taille, & a cinquante-ſept toiſes de long ſur vingt-quatre de large. La tour a 447 pieds de haut; elle eſt ſurmontée d'un double aigle noir, qui tient dans l'une de ſes ſerres une épée, dans l'autre un Sceptre, & il a les armes d'Autriche ſur la poitrine. C'eſt dans cette Égliſe qu'on inhumoit les Archiducs d'Autriche, & on y voit encore le ſuperbe mauſolée de l'Empereur Frederic III. Dans la ſuite les Archiducs ont choiſi pour le lieu de leur ſépulture le Couvent des Capucins où l'on a construit une riche Chapelle. On y admire sur-tout la magnificence des tombeaux des trois derniers Empereurs, de Leopold, de Joseph & de Charles VI.

Cette Ville est ornée d'une Université fondée en 1237 par l'Empereur Frederic II, d'une Académie qui n'est établie que depuis quelques années, d'une Académie de peinture & d'une célébre Bibliotheque où l'on compte plus de cens mille volumes de livres imprimés & plus de dix mille manuscrits.

Pour voir ce qu'il y a de plus rare & de plus précieux peut-être dans l'Univers entier, on n'a qu'à se procurer l'entrée du Trésor Archiducal & du Cabinet des raretés de la Maison d'Autriche.

De la haute Autriche.

La haute Autriche n'est ni moins fertile ni moins peuplée que la basse. Elle peut avoir trente lieues en quarré; on y compte sept Villes immédiates, cinq médiates, quatre-vingt-un Bourgs, & plus de deux cens Maisons Nobles.

Lintz Capitale de cette partie de l'Autriche, est une grande Ville bien bâtie. Il y a un beau Château où le Capitaine Général du pays fait sa résidence, un Hôtel où se tient l'assemblée des États, & un pont sur le Danube. Toutes ses rues sont larges & belles, & ses grandes places environnées d'assez belles maisons. Leopold se retira dans cette Ville en 1683 avec beaucoup de précipitation pendant le siége de Vienne, & ne s'y croyant pas en sureté, il remonta jusqu'à Passau. L'Électeur de Baviere se rendit maître de Lintz en 1741, mais l'année suivante cette Ville fut bloquée par les troupes de la Reine de Hongrie. Le blocus se fit au commencement du mois de Février, & 23 jours après la Garnison forte de 9000 hommes, tant François que Bavarois, capitula & sortit avec les honneurs de la guerre.

Les États qui dépendent de l'Autriche sont la Stirie, le Comté de Cilley, le Duché de Carinthie, la Carniole, l'Istrie, le Comté de Gorilz & le Comté de Tyrol. A tous ces États il en faut encore ajoûter plusieurs autres situés dans différens endroits du Cercle de Souabe.

De la Stirie.

La Stirie, l'ancienne demeure des Taurisques, Peuples qui venoient de la Gaule, est prise par plusieurs Géographes pour l'ancienne Valerie qui faisoit partie de la haute Panonie. Cette Province après avoir porté long-tems le titre de Marquisat, fut érigée en Duché par l'Empereur Frederic barbe-rousse en faveur d'Ottocarce II. Frederic le belliqueux n'ayant point laissé d'enfans, Ottocare Roi de Bohême s'empara de la Stirie, mais il en fut chassé par l'Empereur Rodolphe I qui en investit son fils Albert, duquel la seconde branche de la Maison d'Autriche est descendue.

Ce pays est fort montueux & abonde en mines de fer & d'acier, qui font les principales richesses des habitans qui excellent à fabriquer de très-bonnes armes. Cette Province est arrosée de la Drave, du Muer & de plusieurs autres Rivieres; ce qu'il y a de singulier dans ce pays, c'est que les femmes y ont presque toutes des goëtres affreux, ce que l'on attribue à la qualité de l'eau.

La Stirie a environ cinquante lieues de longueur & trente de largeur ; on y compte vingt-deux Villes & quatre-vingt-quinze Bourgs. Elle eſt bornée au Nord par l'Archiduché d'Autriche, à l'Orient par la Hongrie, au Midi par la baſſe Carinthie & le Comté de Cilley, & à l'Occident par la même Carinthie & par l'Archevêché de Saltzbourg. Elle ſe diviſe en trois parties qui ſont la haute Stirie, la baſſe Stirie, & le Comté de Cilley, dont la Capitale appellée du même nom eſt une aſſez belle Ville, munie d'un Château bâtie ſur une montagne.

Cette Ville a été une ancienne place des Romains ; mais ayant été ruinée, elle demeura enſevelie ſous ſes maſures, juſqu'à ce que Louis le vieux, Duc de Baviere, fils de l'Empereur Louis le ſage la donna à Hezillon Duc de Moravie qui la fit rebâtir. On y montre çà & là des antiquités Romaines, & on y a ſouvent déterré d'anciennes monnoyes, & trouvé des corps d'une grandeur ſurprenante. On peut juger que cette Ville a été autrefois très-considérable par les belles pieces de marbre qu'on y voit, sur-tout au lieu nommé *Jungerbrunnen* où étoit autrefois une salle, y en ayant des morceaux, qui ne pourroient être transportés sur aucune voiture ordinaire.

Gratz, Capitale de toute la Stirie, est bien fortifiée & munie d'un bon Château. C'est l'endroit où se tient l'assemblée des États; on y a établi une Régence, & l'Université y a été fondée en 1585. L'Impératrice douairiere Élisabeth fut obligée de s'y retirer pendant la guerre de 1741 & 1742. On voit dans cette Ville un grand nombre de beaux Palais, & l'Empereur Charles VI y fit construire un grand magasin & un bel arsenal, parce qu'en cas de besoin on peut conduire par eau de Gratz en Hongrie toutes les provisions de bouche & les munitions de guerre. Il y a dans cette Ville une assez belle Bibliotheque, & un cabinet de curiosités, où entr'autres raretés se trouvent plusieurs Idoles des Payens de l'Amérique. Il y a aussi une belle galerie où sont représentées les grandes actions de Charles V.

Du Duché de Carinthie.

La Carinthie a ſes Ducs particuliers ; elle fut unie à l'Autriche en 1331. Ce pays abonde en mines de fer & d'acier, mais il n'eſt gueres fertile en bled, & moins encore en vin. On n'y compte que douze Villes & ſoixante & quinze Châteaux. On y nourrit beaucoup de bétail, dont la plus grande partie eſt achetée par les Vénitiens.

Ce pays qui a été une partie de la Norique des anciens, eſt borné au Nord par l'Autriche, au Levant par la Stirie, au Midi par la Carniole, & au Couchant par le Comté de Tirol & par l'Archevêché de Saltzbourg.

La cérémonie qui s'obſervoit lorſque les Ducs de Carinthie ſe font prêter ſerment par leurs ſujets eſt trop ſinguliere pour ne pas la rapporter.

Peu loin de la Ville de ſaint Weit dans une belle vallée, on voit les reſtes d'une ancienne Ville, dont le nom même eſt ignoré. Près de là dans de larges prairies

ries est une piece de marbre debout sur laquelle monte un paysan, à la famille duquel ce droit héréditaire est attaché. A droite est un bœuf noir & maigre, à sa gauche une jument aussi décharnée. A l'entour est une foule de Peuple & de paysans. Alors le Prince s'avance du bout opposé de la prairie, entouré de ses Officiers & des principaux de sa Cour. On porte devant lui l'étendart & les marques de sa Principauté. Le Comte de Goritz qui est le Maréchal de la Cour marche devant avec douze petits étendarts, après cela marchent les autres Magistrats; toute cette suite est très-magnifique, il n'y a que le Prince qui est habillé en paysan; son habit, son chapeau, ses souliers, un bâton qu'il porte à sa main, tout son ajustement a un air rustique qui le fait ressembler à un Pâtre. Le paysan qui est sur la pierre l'appercevant, demande en langue Esclavone; Qui est-ce que je vois venir avec une marche si superbe? on lui répond que c'est le Prince du pays: le paysan replique, est-il juste Juge, cherchant le bien de sa patrie? est-il de condition libre?

mérite-t-il d'être honnoré? eſt-il obſervateur & défenſeur de la Religion Catholique? on lui répond qu'il l'eſt & le ſera. Je demande donc, répond le payſan, de quel droit il vient m'ôter cette plaçe. Alors le Comte de Goritz lui dit: on achette de toi ce lieu pour ſoixante deniers, ces bêtes ſeront à toi en lui montrant le bœuf & la jument; on te donnera les habits que le Prince vient de quitter, & ta maiſon ſera libre & exemte d'impôts. Après ces paroles, le payſan donne un petit ſouflet au Prince, lui recommande d'être bon Juge, & ſe levant lui cede ſa place, & emmene le bœuf & la cavale. Le Prince monte ſur la pierre, & tirant ſon épée nue fait quelques geſtes ſe tournant de tous côtés, & promet au Peuple de juger équitablement. Il va enſuite à l'Égliſe qui eſt ſur une hauteur voiſine: après la Meſſe il quitte ſes habits de payſan, en prend qui conviennent à ſa qualité, régale tous les Grands, & après dîner retourne dans la prairie, où s'aſſeyant il entend quelques procès & confere les fiefs.

On ne pratiqua aucune de ces cérémonies lorſqu'en 1728 l'Empereur Charles VI reçut l'hommage des habitans du pays. Le payſan devant lequel ce Monarque auroit dû comparoître, ſi cette ancienne coutume avoit encore été ſuivie, fut conduit à la Cour avec toute ſa famille où il fut gracieuſé de façon à lui faire oublier que ſes droits avoient été négligés.

La Capitale de la Carinthie eſt Clagenfurt ſituée ſur la Glare : elle eſt bâtie en quarré, & toutes les rues ſont tirées au cordeau ; le rempart eſt ſi large que ſix caroſſes y peuvent rouler de front ; il y a un baſtion à chaque coin & un au milieu de chaque courtine. Au milieu de la place eſt une très-belle fontaine, au-deſſus de laquelle on voit un dragon de pierre d'une grandeur prodigieuſe & Hercule avec ſa maſſue. Le Peuple croit que cette figure d'Hercule eſt celle d'un payſan qui tua le dragon qui étoit dans ces quartiers. C'eſt dans le College des Jéſuites de cette Ville que l'Empereur Charles VII fut élevé après que l'Électeur ſon pere eut été obligé de ſe retirer en France.

On compte encore dans cette Province 16 Baillages qui dépendent de l'Évêché de Bamberg.

Du Duché de Carniole.

La Carniole, l'ancienne demeure des Carnes, peuples venus des Alpes, est selon quelques-uns, le pays des Lapons de Strabon ou des Lapides de Ptolomée. Elle a été long-tems de la dépendance de la Baviere, ensuite elle a eu ses Princes particuliers. Le dernier fut Othon de Crainbourg, après la mort duquel arrivée en 1245 les États du pays se donnerent à Frederic le belliqueux Duc d'Autriche, dont la succession passa à l'Empereur Rodolphe; la Carniole fut érigée en Duché l'an 1452 par l'Empereur Frederic le pacifique, pere de l'Empereur Maximilien.

Cette Province s'étend jusques au Golfe de Venise; elle a soixante lieues de longueur sur cinquante de largeur. Elle est bornée au Nord par la Carinthie, au Levant par la Sclavonie & la Croatie, au Midi par la Morlaquie &

l'Istrie, & au Couchant par le Frioul. Ce pays est tout hérissé de rochers & de montagnes; il ne laisse pas cependant que de produire assez de bled, d'huile & de vin. On y compte 21 Villes, 36 Bourgs & 4000 Villages.

Layback sa Capitale est une grande Ville bien bâtie & ornée d'un beau Château. L'Empereur Charles VI fit faire sur la Save qui arrose cette Ville, un pont de bois qui a 545 pieds de long.

La chose la plus singuliere qui se voye dans cette Province est un Lac qui est près de Czirnitz; il a une lieue de longueur & une demi lieue de largeur. Il y a trois Isles & il est environné de montagnes. L'eau de ce Lac se perd quelque fois par des conduits souterrains & demeure à sec. Communément cela se fait une fois tous les ans, & ensuite l'eau y rentre avec impétuosité. Lorsque l'eau commence à baisser on en avertit les Villages voisins par le son des cloches, alors tout le monde accourt & on y prend une grande quantité de poissons. Vingt jours après que les eaux se sont écoulées on y fauche d'excellent foin; cela fait, on laboure la terre & on y ſeme du millet.

Un autre merveille de ce pays, c'eſt la prodigieuſe quantité de mercure que l'on tire de ſes mines, & il y a ordinairement plus de 300 ouvriers qui y travaillent. En 1663. ces mines rendirent deux cens cinquante ſix milles livres de vif-argent.

La marche des Vandales ou le Vindiſmarch, eſt une petite Contrée qui dépend de la Carniole, & qui renferme cinq ou ſix Villes, mais où l'on ne voit rien qui mérite quelque attention.

Une partie de l'Iſtrie, qui eſt une preſqu'Iſle de la Mer Adriatique, appartient encore à la maiſon d'Autriche, & l'autre partie appartient aux Vénitiens.

Du Tirol.

Le Comté de Tirol, qui porte le nom d'un ancien Château de cette Province, eſt auſſi nommé Ynthal; c'eſt-à-dire la Vallée d'Yn, à cauſe de la Riviere de ce nom qui l'arroſe, & paſſe par Inſpruck. Elle eſt ſelon quelques-uns une partie de la ſeconde Rethie des Anciens; elle a du Levant au Couchant ſoixante lieües de longueur ſur quarante-huit de largeur. Ce Comté qui eſt un démembrement de la Baviere, & qui a eû ſes Seigneurs particuliers a paſſé à la maiſon d'Autriche en 1366.

Il eſt borné au Septentrion par la Soüabe & la Baviere, à l'Orient par la Carinthie, au Midy par l'Italie & les Griſons, & à l'Occident par les Suiſſes.

L'air de cette Province n'eſt pas également temperé par-tout, ni le terroir également fertile à cauſe des fréquentes montagnes qui ſont toujours couvertes de neige; on y recueille de bon bled & de bon vin, mais en aſſez petite quantité : ſa plus grande fertilité eſt en pâturages; on y trouve des mines d'argent, de cuivre & de fer, & des eaux minérales & ſalées.

La Riviere d'Yn le traverſe du Midy au Nord-Eſt, & l'Adige qui paſſe dans les Terres de Veniſe, y prend ſa ſource.

Ce Pays ſe diviſe en trois parties,

qui ſont; le Tirol, proprement dit, l'Evêché de Trente & l'Evêché de Brixen.

Inſpruck, Capitale de tout le pays & ſituée ſur la Riviere d'Yn, eſt une fort belle Ville, dont les rues ſont larges & droites, & les maiſons bien bâties. On y a établi une Régence; & en 1677. l'Empereur Leopold y fonda une Univerſité. Le Château de cette Ville eſt un ſuperbe édifice; mais moins beau cependant que l'Hôtel où le Capitaine du pays fait ſa réſidence. L'Hôtel où eſt la Chancellerie, eſt couvert d'un toit doré, & voici à quelle occaſion. L'Archiduc Frederic IV. ayant été mis au ban de l'Empire par l'Empereur Sigiſmond, du tems du Concile de Trente; on appelloit ce Prince par dériſion le petit Frederic à bourſe vuide: piqué d'un titre ſi humiliant, il voulut prouver que ſa bourſe n'étoit pas épuiſée; dans cette vûe il fit dorer le toit de la Chancellerie, qui étoit de cuivre. Les corps de l'Archiduc Ferdinand & de la belle Philipine Welſer, repoſent dans l'Egliſe de Saint François; & on lit ſur le tombeau de cette Princeſſe

Princesse, *conjux carissima*, c'est-à-dire très chere épouse, ce qui prouve que cette Dame n'étoit pas seulement la maîtresse de Ferdinand. On y voit aussi le tombeau de l'Empereur Maximilien I. près duquel il y a de grandes tables de marbre sur lesquelles sont gravés les exploits de cet Empereur : il y a encore trente statues de bronze dont 28. représentent les prédecesseurs de Maximilien I. une de Godefroi de Bouillon, & une autre de François I. Roy de France.

Amras, à une lieüe d'Inspruck, est un fort beau Château de plaisance. On voit dans une grande salle qui est une espece d'Arsenal une grande quantité d'armes curieuses. De cette salle on entre dans une galerie où sont les statues de plusieurs Princes montés sur leurs chevaux favoris, avec toute l'armure & tous les ornemens qu'ils avoient dans les Tournois ; au bout de cette galerie est une grande chambre toute remplie de dépouilles & d'armes prises sur les Turcs. Un Bacha & un Aga des Janissaires, sont representés sur leurs chevaux avec le même équipage qu'ils avoient quand on les prit : leurs habits sont fort riches, & les harnois des chevaux le sont encore davantage. Ils sont chargés d'ouvrages d'or & d'argent, de pierres fines, de damasquinures & d'autres enrichissemens arabesques. On voit dans une autre galerie un double rang de grandes armoires remplies de toutes sortes de raretés les plus précieuses & les plus riches. On y voit entr'autres les armes & les lances des Empereurs Maximilien I. & Charles V. celle dont François I. étoit armé lorsqu'il fût fait prisonnier devant Pavie ; la massuë de fer de Zisca, Général des Hussites ; les armes dont se servoit la célebre Archiduchesse Marguerite ; toutes celles d'un Grand Vizir, plusieurs simulacres des Payens ; quantité de médailles fort curieuses ; les os du Géant Haimont Krolois de nation qui avoit seize pieds de haut & assez de force pour porter un bœuf d'une main : à côté de ce colosse est représenté un Nain qui fit mourir ce Géant, d'un soufflet. Ce Nain ayant délié le ruban dont le ſoulier de ce Géant étoit attaché, il l'obligea par là à ſe baiſſer pour le renouer ; ce Nain profita de ce moment pour lui donner un ſoufflet. L'Archiduc & toute ſa Cour en rirent beaucoup aux dépens du Géant, à qui cet affront fit tant de peine, qu'il en mourut de chagrin peu de tems après.

Trente, la réſidence ordinaire de l'Evêque, eſt une petite Ville ſituée ſur un rocher plat, d'une eſpece de marbre blanc & rougeâtre, dont la plûpart des maiſons ſont aſſez ſolidement bâties. Le Concile qui ſe tint à Trente, & qui commenca le 13 Décembre 1545. & finit en 1563. a rendu cette Ville fort célebre dans l'Hiſtoire Eccléſiaſtique.

Brixen, eſt encore du Tirol. La Ville eſt très-petite & elle eſt cependant la réſidence d'un Evêque. Dans les montagnes qui ſe trouvent entre Inſpruck & Brixen, preſque tous les liévres ſont blancs, auſſi-bien que les renards & les ours : les perdrix le ſont auſſi pour la plûpart ; il y a beaucoup de gelinotes, de faiſans, & d autres oiſeaux qu'on appelle coqs de neige. Tous ces oiſeaux ont les pattes velües juſqu'au bout des griffes ; & cette fourure qu'on ne peut appeller ni poil ni plume, eſt d'une épaiſſeur impénétrable à la neige. Les habits des Habitans de ces montagnes ont quelque choſe de fort plaiſant ; les uns ont des chapeaux verds, les autres en ont de jaunes & de bleus, & en quelques endroits il eſt difficile de diſtinguer par l'habillement les hommes d'avec les femmes.

CHAPITRE V.

Mœurs, coûtumes, inclinations, usages des Boiens, anciens Habitans de la Baviere, leur habillement, leurs habitations, leurs occupations, leur religion, par qui ils ont été convertis à la foy; diverses révolutions arrivées dans la Baviere; à quelle occasion les Ducs de ce nom furent élevés à la dignité d'Electeur; bornes & étendue de la Baviere, proprement dite; description de Munich, d'Ingolstadt, de Straubing & de Landshout: du haut Palatinat; séparation de cette Province d'avec le bas Palatinat, cause de cette separation: description d'Amberg, Capitale du haut Palatinnt, de l'Archevêché de Slatzbourg; grande étendüe de cet Etat, droits, priviléges singuliers attachés à la dignité d'Archevêque de Saltzbourg; description de la Ville de Saltzbourg.

LA Baviere, appellée par les anciens Auteurs Latins, *Bajoaria*, a reçûe ſon nom des Boiens, Peuple des Gaules, qui vinrent s'établir dans cette Contrée. On nous repréſente ces anciens Boiariens, comme des Peuples belliqueux, hardis & entreprenans : ils habitoient dans des cabanes, dormoient ſur la terre, qu'ils ſe contentoient de couvrir de feuilles & d'herbe ; ils ne connoiſſoient ni arts ni ſciences ; la guerre & l'agriculture faiſoient leurs ſeules occupations ; ils portoient des ſayes dorées, rayées de diverſes couleurs, & des chaînes d'or ; leurs Enſeignes de guerre étoient preſque ſemblables à celles des Romains. Comme ils ne ſe croyoient pas bien aſſurés de n'être pas chaſſés du pays dont ils étoient venu s'emparer, ils ne s'occuperent pas à s'y conſtruire des demeures commodes & ſolides, & moins encore à les meubler. Leurs richeſſes conſiſtoient en or & en bétail, parceque c'étoit là des choſes qu'il leur étoit facile de tranſporter, en cas qu'on les forçât de changer d'habitations. Le Démon étoit la principale Divinité qu'ils adoroient ; mais ils ne lui conſacrerent point de Temples ; lorſqu'ils vouloient lui rendre leur hommage, ils s'aſſembloient autour de deux chênes, dont l'un étoit planté près de la riviere de Boy, & l'autre près de celle de Swarte, & là ils faiſoient leurs ſacrifices, qui étoient toujours accompagnés d'invocations diaboliques.

Ces Peuples commencerent à être éclairés des lumieres de la Foy, l'an 537. mais ce ne fût qu'en 739 qu'ils fûrent entierement convertis par Saint Boniface, Archevêque de Mayence, qui vînt leur prêcher l'Evangile : & depuis ce tems là la Baviere a perſévéré dans la Foy qu'elle a d'abord embraſſée, ſans ſe laiſſer infecter des nouvelles erreurs qui ſe ſont répandues dans toute l'Allemagne.

Le plus ancien Duc de Baviere, dont la mémoire nous ait été conſervée, eſt, Théodon qui regnoit vers l'an 508, & qui mourut en 511. Thaſillon, un des Princes de ſon ſang & l'héritier de ſes États, regnoit en Baviere, lorſque Charlemagne en entreprît la conquête. Son inſenſibilité & la réſiſtance qu'il oppoſa à ce Héros, lui coûta la liberté. Quoiqu'ils euſſent épouſé les deux ſœurs, Charles traita Thaſillon en Sujet, & l'enferma dans un Monaſtere. Théodon ſon fils, s'étant jetté dans un Convent, la Baviere paſſa à une autre famille.

Vers l'an 1170. Othon le grand, Comte des Witelsbachs, qui avoit rendu d'importants ſervices à l'Empereur Frederic I. profitât du reſſentiment que ce Prince gardoit à Henri le lion, & fût inveſti des États de ce Duc, que Sa Majeſté Impériale avoit mis au ban de l'Empire. Frederic, avoit trop ſenti combien une Puiſſance telle qu'étoit celle du Duc de Baviere, étoit à craindre en cas de rupture, pour laiſſer enſemble toutes les Provinces qui la compoſoient. Il les diviſa entre ceux qui l'avoient bien ſervi, & en donna le Duché de Baviere à Othon; il en détacha la Ville de Ratiſbonne, dont il fit une Ville Impériale: la Stirie, le Tirol, & la Comté de Goritz, qu'il érigea en autant de Fiefs immédiats de l'Empire, & dont il gratifia ceux de la fidelité desquels il se croyoit assuré.

Les Ducs de Baviere, ne possedent la Dignité électorale, que depuis l'an 1623. Le Royaume de Bohême s'étant révolté contre Ferdinand, se choisit pour Roy, Frederic, qui se laissa éblouïr par l'espérance de regner. Après la déroute de son armée devant la Ville de Prague, il n'en fût pas quitte pour une simple abdication de la Bohême; il fût mis au ban de l'Empire, & dépouillé de la Dignité électorale du haut Palatinat, & de la Comté de Cham, dont le Duc Maximilien de Baviere; fût revêtu; ce qui fût confirmé par le Traité de paix de Westphalie, où l'on érigea un huitiéme Électorat, pour le Prince Palatin du Rhim.

Le Cercle de Baviere, est situé entre la Bohême, l'Autriche, la Soüabe, la Franconnie, & est traversé par le Danube. On divise ce Cercle en trois parties, qui sont; l'Électorat de Baviere, le haut Palatinat, & l'Archevêché de Saltzbourg.

La Baviere en général, est bornée au Septentrion, par une pointe de la

Misnie, au Couchant, par la Franconnie & la Soüabe; au Midy, par le Tirol & une partie de la Carinthie, & au Levant, par l'Autriche & la Bohême. Sa longueur du Levant au Couchant, est d'environ 60 lieües, & sa largeur de cinquante. On compte dans la Baviere, trente-cinq Villes, quatre-vingt quatorze Bourgs, plus de mille Châteaux nobles, & onze mille sept cens Villages. On croit qu'un Electeur de Baviere peut mettre vingt à trente mille hommes en campagne.

Outre le Danube qui traverse la Baviere, ses autres rivieres les plus considérables sont, le Leek, qui prend sa source dans le pays des Grisons, & qui après avoir arrosé les fontaines de la Baviere & de la Soüabe, va se décharger dans le Danube. L'Inn, qui prend sa source près des frontieres du pays des Grisons & va se joindre au Danube, à quelque distance de Passaw. Liser, qui a sa source dans le Tirol & se jette dans le Danube après avoir traversé la Baviere. Il y a encore dans ce pays, seize grands lacs, & cent soixante petits, avec un nombre infini d'étangs, dont l'on peut conjecturer que le poisson y doit être fort abondant, & le gibier n'y est pas moins commun, à cause de la grande quantité de forêts & de montagnes, dont ce pays est rempli.

Le terroir produit quantité de froment, mais fort peu de vin; en récompense, le pays abonde en pâturages & en bestiaux. On y trouve plusieur salines, & quelques mines d'or, d'argent & de cuivre.

Il y beaucoup de Noblesse en Baviere, & l'on peut dire à sa loüange, qu'elle est extrêmement polie. Les Paysans au contraire sont grossiers & paresseux à l'excès; ce qui fait qu'on les tient dans une esclavage assez dur: cependant ils sont bons soldats & fidels sujets.

On ne souffre dans tout le pays que l'exercice public de la Religion catholique, excepté dans le Comté d'Oltenbourg, & à Ratisbonne, où la Religion protestante est tolérée.

De la Baviere, proprement dite.

La Baviere, proprement dite, se diviſe en haute & baſſe. La haute Baviere a deux Régences, dont l'une eſt à Munich, & l'autre à Bourghauſen. La premiere renferme 41 Baillages, & la ſeconde en contient 16.

Munich, Capitale de la Baviere, eſt une des plus belles Villes de l'Allemagne. Elle a d'épaiſſes murailles, de profonds foſſés; mais d'ailleurs ce n'eſt pas une Ville forte; les ruës ſont larges & les maiſons fort hautes; elles ſont preſque toutes peintes par dehors; mais au lieu de peindre à freſque ou en huille, les Habitans ſe ſervent d'une mauvaiſe détrempe, qui s'efface & s'enleve en pluſieurs endroits, ce qui eſtropie toutes les figures. Le Palais Électoral, eſt ſitué à l'extrêmité de la Ville. On y compte 2060 fenêtres, 20 grandes ſalles, onze cours & neuf galeries; la grande ſalle de l'appartement de l'Empereur a cent dix-huit pieds de long & cinquante-deux de large. Toutes les peintures en ſont fort eſtimées; ce ſont des hiſtoires, les ſacrées ſont d'un côté, & les prophanes de l'autre, & il y a des vers latins, ſur chaque hiſtoire.

La petite Chapelle qui eſt dans l'appartement de l'Impératrice eſt extrêmement riche ; ce n'eſt qu'or & argent, perles & pierres précieuſes de toutes les façons.

La ſale des Antiques eſt très-ſpacieuſe, il y a cent quatre-vingt-douze buſtes & plus de quatre cent autres pieces ; ce ſont des ouvrages parfaits, & qui ſont d'une antiquité reſpectable, mais rien n'égale la richeſſe du tréſor. Il y a pluſieurs ſervices de vaiſſelle d'or, & beaucoup d'autres vaſes précieux, une quantité prodigieuſe de groſſes perles, de diamans, de rubis, & d'autres pierres Orientales d'une beauté parfaite ; une infinité d'excellens tableaux, d'ouvrages curieux, de médailles & d'autres raretés, entr'autres un noyau de ceriſe ſur lequel on voit diſtinctement cent quarante têtes en ſculpture, & une gondole de bois pétrifié ſur laquelle on a mis ces deux vers :

Palma fui, cœpi lapideſcere, cimbula nunc ſum ;
Si non Neptunus, navita Bacchus erit.

La grande galerie eſt longue de cent ſoixante & dix pieds & large de quinze ; elle eſt ornée de bas reliefs & de tableaux parmi leſquels on remarque les portraits & les noms de trente ſix Princes ancêtres de l'Électeur, avec des cartes & des repréſentations de diverſes Provinces, Villes & Rivieres de ſes États.

Une autre galerie qui a ſoixante-trois pieds de long ſur dix-huit de large, eſt auſſi toute remplie de ſemblables ornemens : la plupart des peintures ſont des hiſtoires des Princes & Princeſſes de cette Maiſon. Au bout de cette galerie il y a une petite chambre qui a vûe ſur un beau parterre. Ce lieu a quelque choſe qui enchante auſſi, les tableaux dont il eſt orné ne contiennent que de douces idées, des plus innocens & des plus délicieux plaiſirs.

La ſalle d'Audience n'eſt pas moins ornée, c'eſt où l'on reçoit les Ambaſſadeurs, & c'eſt en même tems un Tribunal où les Princes entendent les plaintes de leurs ſujets. On a repréſenté en huit grands compartimens les diverſes manieres dont les Princes étrangers donnent audience aux Miniſtres qui leur ſont envoyés par leurs Alliés. Il y a auſſi pluſieurs hiſtoires des Souverains qui ont en perſonne adminiſtré la Juſtice. Ces hiſtoires ſont accompagnées de figures hiérogliphiques, d'emblêmes & de deviſes ſur ce ſujet.

On voit dans l'Égliſe de Notre-Dame qui eſt la Cathédrale, le tombeau de l'Empereur Louis de Baviere, qui eſt de marbre noir & orné de ſtatues de bronze. Ce tombeau des Électeurs eſt dans la ſuperbe Égliſe des Théatins qui eſt vis-à-vis du Château.

Les Autrichiens ayant fait en 1742 le ſiege de cette Ville, elle fut obligée de ſe rendre, & elle fut taxée à des contributions exorbitantes.

Ingolſtadt ſur le Danube, ſituée dans une belle plaine, eſt une des plus fortes places d'Allemagne, & les marais qui l'environnent ne contribuent pas peu à en rendre l'approche difficile. En 1742 les Autrichiens en firent le ſiege & obligerent la Garniſon à capituler. On établit dans cette Ville une Univerſité en 1571. L'Arſenal d'Ingolſtadt paſſe pour un des plus beaux de l'Europe.

La basse Baviere a deux Régences ; l'une à Landschout qui renferme vingt-deux Baillages, & l'autre à Straubing qui en a vingt-quatre.

Landschout située sur l'Iser a été, dit-on, appellée de ce nom qui signifie le *chapeau* ou la sauvegarde du pays, parce que cette Ville servoit autrefois de retraite aux habitans contre les brigandages de leurs ennemis. Dans la campagne de 1742 les Autrichiens se rendirent maîtres de cette Ville ; mais peu de tems après le Baron de Vehlen à la tête d'un Détachement de Bavarois la reprit l'épée à la main ; cependant les Autrichiens s'en emparerent de nouveau en 1743.

Straubing, grande Ville sur le Danube, fut obligée de capituler & de se rendre aux Autrichiens en 1743, qui l'année suivante en firent démolir toutes les fortifications.

Les États Ecclésiastiques situés en Baviere qui dépendent immédiatement de l'Empire, sont les Évêchés de Freisingen, de Passau, de Ratisbonne, la Prévôté

vôté de Berchtotsgaden, l'Abbaye de St. Emmeran, les Chapitres du haut Munster & du bas Munster, l'Abbaye de Kaysersheim.

Les États séculiers situés en Baviere qui relevent immédiatement de l'Empire, sont le Comté d'Oltembourg, la Seigneurie de vieux Fraunhofen, celle de Menfraunhausen & Ratisbonne, qui est une Ville munie de quelques fortifications, & où il y a un pont sur le Danube, qui repose sur 15 arcades. C'est dans cette Ville que se tient ordinairement la Diette de l'Empire.

Du haut Palatinat.

Le haut Palatinat situé entre la Bohême, la Baviere & la Franconie, fait partie du Cercle de Baviere; il a cent vingt lieues de circuit, & environ trente ou trente-cinq lieues de longueur sur autant de largeur. On nomme ce pays le haut Palatinat pour ne pas le confondre avec le bas Palatinat qui est situé près du Rhein. Lorsque ces deux Palatinats appartenoient encore au même Souverain, l'Électeur Palatin étoit un des plus puissans Princes d'Allemagne; mais la guerre s'étant allumée en 1505 entre la Maison Palatine & celle de Baviere, cette derniere fut obligée d'abandonner à l'Électeur Palatin, en exécution de la paix conclue en 1507, vingt-neuf tant Villes que Bourgs, à qui on donna le nom de nouveau Palatinat, mais ce nom n'a pas subsisté parce que le nouveau & l'ancien Palatinat, qui appartenoient à l'Électeur, furent dans la suite compris sous le nom de haut Palatinat.

Frederic V Électeur Palatin ayant été mis au Ban de l'Empire, tous les États qu'il possédoit furent ainsi que nous l'avons dit, donnés en 1623 à la Maison Électorale de Baviere; cependant le nouveau Palatinat ne fut pas compris dans les terres dont la Maison de Baviere fut alors mise en possession, parce que l'Électeur Frederic ne le possédoit point. Il appartenoit à la Maison Palatine de Neubourg, & qui n'étant entré pour rien dans les différends de l'Électeur Frederic, conserva par ce moyen les terres qui lui appartenoient.

Amberg, Capitale de cette contrée, est située sur la petite Riviere de Wils. Elle est défendue par un bon Château, par de profonds fossés & par des remparts & des bastions. Il y a aux environs de cette Ville plusieurs riches mines de fer.

Les Seigneuries situées dans le haut Palatinat, qui relevent immédiatement de l'Empire, sont celles de Neustaedel, de Lewthenberg, de Sultzberg, & de Pyrbaum.

De l'Archevêché de Saltzbourg.

L'État de l'Archevêque de Saltzbourg est borné au Nord par la Baviere, au Nord-Est & à l'Est par l'Autriche, au Midi par la Carinthie & le Tirol qui avec la Baviere le termine à l'Occident. Il s'étend le long de la Riviere de Saltz, & a environ quarante-huit lieues de longueur sur trente-six de largeur. Les principales Rivieres qui arrosent ce pays sont le Saltz qui prend sa source près des frontieres du Tirol & va se décharger dans l'Yn, la Sala qui tombe dans le Saltz à quelque distance de Saltzbourg, la Meier qui prend sa source sur les frontieres du pays, & la Lava qui se dégorge dans l'Yn, & prend sa source à quelque distance de Brixen.

Les revenus de ce riche Archevêché montent à plus de trois millions, outre trente mille florins que l'Archevêque tire des jeux, & huit mille écus d'Allemagne qui sont la rétribution de trois grandes Messes qu'il est obligé de dire chaque année.

Cet Archevêché forme un État immédiat de l'Empire, & l'Évêque se dit Primat de Germanie depuis que l'Évêché de Magdebourg a été sécularisé. Cet Archevêque est Légat né du saint Siége, & on ne peut point appeller de lui aux Nonces du Pape. En qualité de Vicaire du saint Siége, il connoît & juge de tous les cas qui d'ailleurs sont de la compétence du Siége de Rome. Il occupe alternativement avec l'Autriche la premiere place du Banc des Ecclésiastiques à la Diette de Ratisbonne, & a le directoire alternatif du College des Princes de l'Empire: il a aussi le droit de convoquer les États du Cercle de Baviere alternativement avec l'Électeur de Baviere. Les Archiducs d'Autriche tiennent de cet Archevêché à titre de fief le droit de conférer les quatre dignités héréditaires de la Cour, & il faut que ceux qu'ils y nomment soient agréables à l'Archevêque. Lorsque les Évêchés de Chiemsée, de Secau & de Lavant deviennent vaquans dans les mois de rigueur qui appartiennent au Pape, l'Archevêque de Saltzbourg les remplace, sans que les nouveaux Évêques soient obligés de se faire confirmer par le souverain Pontife.

La plus grande partie de ce pays est entouré de hautes montagnes, particulierement du côté du Midi; il ne laisse pas que d'être très-fertile en grains, mais on y recueille peu de vin.

Il y a dans ce pays dix grands Lacs très-poissonneux, & l'on voit dans les vallées de si belles prairies & de si gras pâturages, que les Saltzburgeois peuvent fournir à leurs voisins beaucoup de bétail & de gibier.

Saltzbourg, Capitale de ce pays où l'on compte jusqu'à 40 Baillages, est une Ville fort ancienne, & a été connue ſous le nom de *Juvava* ou *Juvavia*. Saint Rupert après avoir quitté ſon Évêché de Vormes pour ſe faire Miſſionnaire Évangélique en Baviere, fut établi Évêque du pays qui étoit retombé preſque entiérement dans l'Idolâtrie. Il mit ſon Siége dans l'ancienne Ville de Juvava, preſque ruinée alors, & rebâtie depuis ſous le nom de Saltzbourg, qui devint enſuite la Métropole de la Baviere, de l'Autriche & des pays héréditaires.

Cette Ville eſt bien bâtie, fort peuplée, & munie d'un Château ſitué ſur une montagne qu'on nomme le haut Saltzbourg. Le Palais où l'Archevêque paſſe ordinairement une partie de l'été, & qu'on nomme Mirabel, eſt un ſuperbe édifice dont le ſéjour eſt fort agréable. Il y a un magnifique jardin orné de ſtatues, & planté d'arbres ſinguliers. Celui qu'il occupe pendant l'hyver eſt fort vaſte, & l'on y compte 163 appartemens tous magnifiquement meublés.

L'honneur & la richeſſe de la Ville de Saltzbourg eſt ſon Égliſe Métropolitaine & ſon Chapitre; cette Égliſe eſt vaste, & peut être regardée comme un fort superbe édifice. Elle est bâtie sur le modele de saint Pierre de Rome, & en a les proportions. Outre quatre jeux d'orgue qui sont aux quatre coins de la coupe, il y en a un très-grand qui occupe tout le fond de la grande nef de l'Église sur les portes. La Cathédrale a toujours une Musique dont les principaux sujets sont choisis à Rome. Le Chapitre est un des plus Nobles d'Allemagne; il consiste en vingt-quatre Chanoines qui tous doivent faire preuve de huit quartiers.

Il y a à Saltzbourg une Université fondée par l'Archevêque Paris de Lodron, & régentée par les Bénédictins: il y a des Professeurs séculiers pour le Droit Civil. Le Recteur est toujours un Religieux, & les Professeurs sont tirés de plusieurs Abbayes, qui pour cet effet se sont unies au nombre de trente pour fournir les Professeurs, & avoir le droit d'envoyer leurs jeunes Religieux étudier en cette Université, où il y en a d'ordinaire un très-grand nombre, de même que beaucoup de Noblesse des Provinces voisines.

Il y a beaucoup de terres ſituées dans l'Autriche, dans la Stirie, dans la Carinthie & dans la Baviere qui dépendent de l'Archevêché de Saltzbourg, de même que les Évêchés de Freiſingen, Ratiſbonne & Brixen qui ſont ſes ſuffragans, & qui ont voix & ſcéance à la Diette de l'Empire.

Gurck, Sceau, Chiemſée & Saint André ou Lavant dépendent en partie de l'Archevêché de Saltzbourg, & en partie de l'Autriche.

CHAPITRE VI.

De la Franconie, éthimologie de ce nom; comment cette Province a été réunie à l'Empire; bornes & division de la Franconie; des Etats Ecclesiastiques situés dans cette Province; des Chevaliers de l'Ordre Theutonique; Terres qui appartiennent à cet Ordre; description de Mariendal; érection de la grande Maîtrise de Prusse en un Duché séculier; des Evêchés de Bamberg, de Wirtzbourg & d'Aichstæd; des Etats séculiers de Franconie; du haut & bas Bourgraviat; de Nuremberg; description de Bareuth, d'Anspach & de la célebre montagne de Fichtelberg, des Villes Imperiales libres situées dans la Franconie; description de Nuremberg.

LA Franconie que l'on appelle souvent en Latin *Francia Orientalis*, ou France Orientale, pour la distinguer de l'Occidentale qui eſt le Royaume de France, fut autrefois la demeure des Uſipetes & des Tenecteres, & enſuite des Francs, après qu'ils eurent abandonné le pays des Sicambres; & c'eſt de leur nom que cette Province fût appellée France. Les Allemands la nomment même aujourd'hui *Frankendlant*; c'eſt-à-dire pays des François.

Tous les Francs ne quitterent pas ce pays, & les Rois qui ſubjuguerent les Gaules peu à peu, conſerverent ſur leur ancienne Patrie, une autorité qui s'affoiblit peu à peu. Les Rois de la premiere race, établirent des Officiers pour la gouverner, & ceux-ci prirent la qualité de Ducs, & dans la ſuite en devinrent propriétaires. La Franconie étoit poſſedée par divers Seigneurs, lors que Pepin fît donation de ce Duché à l'Evêque de Wirtsbourg, ceux qui étoient en poſſeſſion de ce Duché, s'y maintinrent nonobſtant cette donation. Ces Ducs devinrent ſi puiſſans, que Conrad, Duc de Franconie, fût le premier des Princes allemands, qui poſſeda l'Empire, après les deſcendans de Charlemagne. Les Empereurs Conrad II. Henri III. Henri IV. étoient aussi de la maison de Franconie; ce dernier donna ce Duché à Conrad de Soüabe, son neveu, qui fût depuis Empereur. Frederic, puisné de Conrad, étant mort de la peste au siége de Rome, l'an 1167. l'Empereur Frederic réunit le Duché de Franconie à l'Empire.

Le Cercle de Franconie est situé au centre de l'Allemagne & de la Bohême, & a le haut Palatinat au Levant, le bas Palatinat & l'Archevêché de Mayence au Couchant, la Baviere & la Souabe au Midy & au Septentrion, la Mesnie & la Thuringe.

Le Mein, qui prend sa source dans cette Province, près de la montagne de Fichtelberg, traverse ce pays, qui forme à peu-près un cercle, dont le diametre a environ soixante lieues.

Ce pays est entouré de forêts & de montagnes pierreuses & incultes; mais dans le milieu, il est très-agréable & fertile en bled, en vin & en pâturages; il y croît de la réglise en abondance. On y pêche quantité de poissons dans les rivieres qui y ſont en grand nombre, & qui y prennent toutes leurs ſources. Les plus remarquables de ces Rivieres, ſont le Mein, le Tauber, le le Rednitz, & la Sala.

Des Etats Eccléſiaſtiques, ſitués dans le Cercle de Franconie.

On compte quatre Seigneurs Eccléſiaſtiques en Franconie, qui ſont, le Grand-maître de l'Ordre Teutonique, l'Évêque de Bamberg, l'Évêque de Wirtzbourg, & l'Évêque d'Eichtads.

L'Ordre Teutonique, fût fondé en 1190, à Jeruſalem, dans l'hôpital de Notre Dame, par Wald-port, Seigneur Allemand, ce qui a fait donner à cet Ordre, le nom d'Ordre Teutonique ou Allemand.

Les Chevaliers de cet Ordre ayant été chaſſés de la Terre Sainte par les Infidelles, ils ſe retirerent en 1230 en Pruſſe, où ils travaillerent à la converſion des Payens, & ſous ce prétexte, ils commirent de grandes cruautés. Ils établirent la célebre Maîtriſe, qui au commencement de ce siécle a été érigée en Royaume. Albert, Margrave de Brangdebourg, & le soixante-quatrieme Grand-maître de l'Ordre, trouva le moyen de faire ériger la grande Maîtrise de Prusse en un Duché séculier, qu'il prît en 1525 à titre de Fief, relevant de la Couronne de Pologne ; & les Chevaliers se virent réduits à se contenter des terres que l'Ordre possedoit en Allemagne. Ils se choisirent un autre Chef ou Grand-Maître, qui fût admis au nombre des États de Franconie en 1531, & son rang parmi les Princes Écclesiastiques, est entre les Archevêques & les Évêques.

Les biens qui appartiennent à cet Ordre, sont premierement, les Domaines du Grand-Maître, dont la plûpart sont situés en Franconie ; outre cela, treize Seigneuries ou Baillages, & quelques Domaines, qui sont situés dans des Villes, comme à Vissembourg, à Spire, à Heidelberg, à Francfort, à Maïence, &c.

Mariendal, Ville située sur le Tauber, est peu éloignée de la montagne de

Kitzberg, sur laquelle est bâti le Château de Nevenhaus, qui est la résidence ordinaire du Grand-Maître.

De l'Evêché de Bamberg.

Il y avoit autrefois en Franconie des Comtes de Bamberg, dont le dernier fût Albert, auquel l'Empereur Louis IX. fît trancher la tête en 905. Cent ans après, l'Empereur Henri II. & son épouse Cunegonde, fonderent un Évêché à Bamberg, & l'Empereur nomma pour premier Évêque Everard, son Chancelier.

Les terres qui dépendent de cet Evêché ont seize beaux Baillages, situés en Franconie, & cinquante-cinq en Franconie, qui forment un district de trente-deux lieues de long sur seize de large.

La Ville de Bamberg, la résidence ordinaire de l'Évêque, est situé au confluent du Mein & du Regnitz. Elle a pris son nom de l'ancien nom de Banbenberg, qu'on croit lui avoir été donné par Babe, fille de l'Empereur Othon II. qui la fit aggrandir. Les bourgeois de cette Ville se comporterent si mal en 1435 envers leur Évêque, que le Concile de Basle les condamna à démolir leurs murailles, avec défenses de les rebâtir. L'Université établie en cette Ville, fût fondée en 1585. Les corps de l'Empereur Henri II. & de Cunegonde, son épouse, reposent dans la Cathédrale.

De l'Evêché de Wirtzbourg.

Cet Évêché, a 26 lieues de longueur, sur 20 de largeur, & est divisé en 52 Baillages. Le Patron de la Cathédrale est Saint Kiliens, qui porta la connoissance du Christianisme en Franconie, & qui y fût couronné du martire. L'Impudique *Gaylana*, fût la principale cause de sa mort. Godbert, alors Duc de Franconie, vivoit avec cette femme, comme si elle eut été son épouse, quoiqu'elle fût celle de son frere; & le Saint homme l'en ayant censuré, il eût le même sort que Saint Jean-Baptiste. Cela arriva environ l'an 706. & trente-six ans après Hetanus, dernier Duc de

Franconie, mourut ſans enfans.

En 842 l'Évêché de Wirtzbourg, fût fondé & fût donné à Burchard, Anglois de nation, lequel ſçût ſi bien jouer ſon perſonnage à la Cour de Pepin, Roi de France, que ce Prince enrichit l'Évêché de preſque tous les biens que les Ducs de Franconie poſſédoient; de-là vient que les Evêques de Wirtzbourg ont conſervés juſqu'à préſent le titre de Ducs de Franconie, & qu'ils font porter l'épée nüe devant eux.

Le Chapitre eſt compoſé de 24 Chanoines & de 29 Domiciliaires. Les Chanoines font preuve de Nobleſſe; mais ce qu'il y a de particulier, c'eſt que lorſqu'on reçoit un nouveau Chanoine, il faut qu'il paſſe au milieu des autres rangés en haie, qui lui donnent un coup de verge ou de foüet ſur le dos. C'eſt une coutûme qui paſſe pour n'être pas moins ancienne que l'Evêché; & comme aucun Prince n'a voulu s'y ſoumettre, ce Chapitre eſt reſté entre les mains de la Nobleſſe.

Wirtzbourg, la Capitale du pays, eſt ſituée ſur le Mein, & a de bonnes fortifications. Le Château qu'on nomme communément Marienbourg, est situé à une très-petite distance de Wirtzbourg, & commande à toute la Ville, parce qu'il est bâti sur une éminence ; il communique avec la Ville par un pont de pierre, sur lequel on voit douze statues de Saints, qui égalent en beauté celles qu'on voit à Rome, sur le pont où l'on va au Château Saint-Ange,

L'Evêché d'Aichstædt, situé près de la riviere *d'Althmuht*, & des frontieres du haut Palatinat, a été fondé en 748 par Saint Boniface, Archevêque de Mayence ; il a environ trente-deux lieues de circonférence, & est divisé en 31 Baillages.

Aichstædt, la Capitale de cet Evêché, est une Ville d'une moyenne grandeur, située dans une vallée sur la riviere d'Althmuht.

Des Etats séculiers de Franconie.

Le haut Bourgraviat de Nuremberg, appartenant au Margrave de Brangdebourg, est situé entre la Misnie, l'Evêché de Bamberg, le haut Palatinat, & le territoire de Nuremberg. On le divise en cinq Cercles ou Districts, qui tirent leurs noms de leurs Capitales. Ces Villes sont, Bareuth, Culmbach, Host, Wonsiedel, & Mneudstads.

Bareuth est la Capitale de tout le pays. Le Margrave a considérablement aggrandi & embelli cette Ville, qui est le lieu de sa résidence; ce qui fait qu'on appelle communement, Marquisat de Bareuth, tout le pays qui est situé au-de-là des montagnes. Christian Ernest, Margrave de Bareuth, qui étoit un des plus sçavans Princes de son siécle, établit en 1664 un Collége, auquel il donna son nom, & le Margrave Frédéric Auguste y a fondé une Université en 1742.

Le Fichtelberg est ce qu'il y a de plus remarquable dans ce District. Cette montagne qui a environ douze lieues de circuit est située près des frontieres de Bohême. Le nom de Fichtelberg vient du mot Allemand fichten qui signifie un pin, parce que cette montagne est toute couverte de cette espece d'arbres. Quatre rivieres prennent leurs sources dans cette montagne & coulent du côté des quatre plages du monde. Ces rivieres ſont le Mein qui coule du côté du Couchant, l'Éger qui prend ſon cours vers le Levant, la Nabe vers le Midi & la Sale vers le Nord.

Le bas Bourggraviat ſitué en deçà des monts, autrement appellé le Marquiſat d'Anſpach, eſt ſitué près de la riviere de Pegnitz, & confine au territoire de la Ville de Nuremberg, & à l'Évêché d'Aichſtædt. On diviſe tout ce pays en quinze grands Baillages qui ſont tous diviſés en ſoixante & douze petits.

La Ville d'Anſpach a donné ſon nom à tout le pays. C'eſt la réſidence du Margrave qui y a un très-beau Palais. Il y a une Cour Souveraine & un beau Collége. Ce qu'on appelle le jardin du Prince eſt un Palais magnifique ſitué dans le Fauxbourg.

La Franconie renferme encore la Principauté de Henneberg qui a vingt-quatre lieues de longueur ſur douze de largeur, la Principauté de Cobourg & la Principauté de Scharwartzenberg. Les Comtés de l'Empire ſitués dans la

Franconie ſont au nombre de dix-ſept, ſçavoir, les Comtés de Caſtell, de Dernbach, d'Erpach, de Geyer, de Giech, de Grævenitz, de Hohenlohe ou d'Hohlack, de Limpourg, de Noslitz & Reinech, de Puckler, de Schoenborn, de Stahrenberg, de Durſin, de Roſenberg, de Wertheim, de Windiſgrætz, de Wolſtein & de Wurmbrand.

Des Villes Impériales libres ſituées en Franconie.

Ces Villes ſont Nuremberg, Schwinfurt, Rotenbourg, Weiſſenbourg, Weiſsheim.

Nuremberg eſt une grande Ville qui a environ deux lieues de circuit; elle eſt ceinte non-ſeulement de foſſés, mais de hautes murailles flanquées de trois cens quatre-vingt tours, & la riviere de Pegnitz traverſe la Ville & la partage en deux. On compte ſur cette riviere treize ponts de pierre.

Les maiſons de Nuremberg ſont généralement grandes, propres & ſolidement bâties; quelques-unes ſont peintes en-dehors, & presque toutes les autres sont d'une fort belle pierre de taille. Il y a plusieurs belles fontaines de bronze en divers endroits de la Ville. Les rues sont larges, nettes & bien pavées, mais ell s ne sont pas assez droites.

Le Château est sur un haut rocher & est d'une figure irréguliere ; on assure que le puits de ce Château a seize cens pieds de profondeur. On montre dans une des sales de ce Château quatre colonnes Corinthiennes d'environ quinze pieds de haut. Le Peuple dit que le Diable les apporta de Rome sur le défi qui lui en fut fait par un Moine.

Les ornemens qui servent au sacre de l'Empereur sont gardés dans l'Église de l'Hôpital ; la Couronne est d'or & presque toute couverte de pierres précieuses ; elle n'est pas fermée, & au lieu des fleurons des Couronnes Ducales, ce sont des lames arrondies par le haut, qui se joignent par les côtés & qui font le tour du bonnet. Il y en a sept, & celle du devant est la plus richement ornée, elle est surmontée d'une croix, & un demi cercle appuyé entre les deux plaques de derriere s'éleve par-dessus le bonnet & se joint au haut de la croix. Le Sceptre & le Globe sont d'or ; on dit de l'épée qu'un Ange l'a apportée du Ciel. La Dalmatique de Charlemagne est violette & bordée de perles ; le manteau Royal en est bordé & parsemé d'aigles d'or avec quantité de pierreries. Il y a encore la chape, l'étole, les gants, les bas & les brodequins. On garde encore dans cette Église le fer de la lance de Longin, un morceau de la vraye croix au milieu duquel est un trou d'un des clous.

L'Arsenal de Nuremberg est un des plus renommés de toute l'Allemagne. Il y a deux grandes sales longues chacune de deux cens cinquante pas & fort remplies d'armes, mais qui sont un peu à l'antique. Il y a plusieurs pieces de gros canons d'un calibre difforme qu'on appelle des strenes & des basilics ; la plus grosse de ces pieces est de trois cens livres de balle.

La Bibliotheque que l'on a placé dans un cloître qui appartenoit autrefois aux Dominicains, est composée de plus de vingt mille volumes qui ont été recueillis du débris des Bibliotheques de plusieurs Couvens dans le tems de la réformation. Le plus ancien manuscrit est de 1000 ans ; c'est la copie des Évangiles avec des Prieres & des Cantiques qui étoient à l'usage des Églises Grecques d'alors.

La Maison-de-Ville est fort grande, la façade en est belle & d'une symétrie réguliere ; la cave de cette Maison contient vingt mille tonneaux de vin, provision bien précieuse pour des Allemands qui pensent que vivre c'est boire, *Germanorum vivere bibere est.* A peine a-t-on eu le tems de se dire trois paroles dans les visites que l'on voit paroître la collation, ou tout au moins quelques brocs de vin accompagnés d'une assiette de croûtes de pain hachées avec du poivre & du sel. Il y a des loix qui s'observent ensuite & qui sont sacrées & inviolables. On ne doit jamais boire sans boire à la santé de quelqu'un ; aussi-tôt après avoir bu on doit présenter du vin à celui à la santé duquel on a bu ; jamais il ne faut refuser le verre qui est présenté, & il faut nécessairement le vuider jusqu'à la derniere goutte : on commence par les petits verres & on finit par les grands, & ces grands ſont des cloches à melons qu'il faut vuider tout d'un trait, quand il y a quelque ſanté d'importance.

Il n'y a point d'artiſans plus induſtrieux que ceux de Nuremberg ; toute l'Europe eſt remplie de leurs ouvrages : on a des preuves de leur habileté dans les belles cartes de Géographie, dans les magnifiques eſtampes que l'on grave dans cette Ville & dans les divers inſtrumens de Muſique & de Mathématique que l'on y fait en grand nombre.

La ſeule Religion qu'on y profeſſe eſt la Proteſtante de la Confeſſion d'Auſbourg, & il n'y a qu'un ſeul Temple Catholique ; les Réformés n'y en ont point, mais ils vont à une lieue de la Ville dans le Marquiſat d'Anſpach.

La Ville de Nuremberg a acquis ſucceſſivement un territoire aſſez conſidérable qui a environ quarante lieues de circuit. On y compte ſept Villes avec quatre cens quatre-vingt Bourgs ou Villages.

De la Noblesse immediate de l'Empire qui se trouve dans le Cercle de Franconie.

On compte dans ce Cercle plus de quinze cens familles Nobles qui ne dépendent uniquement que de l'Empereur & de l'Empire ; elles n'entrent aussi pour rien dans les affaires qui concernent le Cercle, mais elles forment un corps séparé qui est divisé en six Cantons. De ces six Cantons on élit quatre Directeurs ou Présidens qui ont alternativement le directoire de la Noblesse chacun pendant deux années consécutives.

En tems de guerre les habitans de la Franconie élisent un Chef du Cercle, pour commander leurs troupes dont le nombre se monte à dix ou douze mille hommes. Il y a aussi en Franconie deux grandes Chambres de Justice Impériales, dont l'une a pour Chef l'Évêque de Wirtzbourg, & l'autre le Bourgrave de de Nuremberg.

CHAPITRE VII.

Du Cercle de Souabe, grande étendue de ce pays; mœurs des anciens Sueves; forme ſinguliere de leur Gouvernement, leur nourriture, leur habillement, leur commerce, leur maniere de combattre, leur Religion; des Etats Eccléſiaſtiques ſitués dans la Souabe; des Evêchés d'Ausbourg & de Conſtance; deſcription d'Ausbourg; des Etats ſeculiers du Cercle de Souabe; bornes, étendue & diviſion du Duché de Wirtemberg & de la Principauté de Montbelliard; deſcription de Stugard, de Weiſſenberg & de Montbelliard; raretés curieuſes qui ſe trouvent dans la fameuſe Caverne de Paſſavant; du Marquiſat de Bade; deſcription de Bade & de Dourlac; des Provinces Autrichiennes ſituées en Souabe, & des Villes Impériales que ce Cercle renferme.

LE Cercle de Souabe eſt ſitué aux environs du Danube, qui y prend ſa ſource. Sa plus grande largeur du Levant au Couchant eſt de ſoixante-ſix lieues, & ſa longueur du Midi au Septentrion eſt de ſoixante & douze.

Il n'y a point de pays qui comprennent tant de Souverainetés que celui-là. Dans la ſeule Ville d'Auſbourg il y a quatre Princes, ſçavoir, la Ville qui eſt Impériale, l'Évêque qui réſide à Diling & les Abbés de ſaint Ulric & de ſaint Afrê. Outre ceux-là il y a l'Évêque de Conſtance, ſeize Abbés, cinq Abbeſſes, trois Princes ſéculiers qui ſont le Duc de Wirtemberg, les Princes de Hohenzollern & de Furſtemberg, les Marquis de Bade Baden & de Bade Dourlach, cinq Barons, huit Comtes, le grand Prieur de Malthe, le Prévôt de Vetenhauſen, & trente-quatre Villes Impériales.

Cette Province eſt une partie du pays des anciens Sueves qui s'étendoient depuis le Rhin juſqu'à l'Elbe, & qui habitoient auſſi près des ſources du Danube. Ils paſſoient pour être les Peuples les plus belliqueux, les plus braves & les plus entreprenans d'Allemagne ; ils poſſédoient cent différens Cantons de chacun desquels ils tiroient tous les ans mille hommes armés qu'ils envoyoient à la guerre hors de leur pays ; ceux qui y demeuroient étoient obligés de pourvoir à la subsistance de ceux qui en étoient sortis, en labourant les terres, & l'année suivante ils prenoient les armes à leur tour : c'est ainsi que la guerre ou l'agriculture les occupoit successivement, mais nul d'entr'eux ne possédoit un seul pouce de terre en son particulier, & même il leur étoit défendu de s'arrêter dans un endroit plus d'une année. Ils se nourrissoient plus de chair & de laitage que de pain, & la chasse leur fournissoit ordinairement la plus grande partie de leur nourriture : cet exercice les rendoit forts & vigoureux, & faisoit qu'ils étoient presque tous d'une grandeur extraordinaire ; au reste ils s'étoient tellement endurcis, que même dans les climats les plus froids il leur arrivoit souvent de se baigner en hyver, & ils ne se couvroient que de quelques méchantes peaux si petites qu'elles ne couvroient que la moitié de leurs corps. Ils permettoient aux Marchands étrangers de venir trafiquer dans leur pays, mais c'étoit plutôt pour avoir occasion de leur vendre le butin qu'ils avoient fait, que pour acheter d'eux quelques marchandises qu'ils auroient regardées comme des superfluités. Ils ne se servoient que des chevaux de leur pays qu'ils avoient eu soin eux-mêmes de dresser. Souvent ils descendoient de cheval pour combattre à pied, & leurs chevaux étoient accoutumés à ne point sortir de la place où on les laissoit, de sorte qu'ils n'avoient qu'à remonter à cheval d'abord après le combat. L'usage des selles leur paroissoit ridicule, aussi ne s'en servoient-ils pas. Ils comptoient si fort sur leur intrépidité & leur bravoure, que quoique bien inférieurs en nombre à leurs ennemis, ils ne craignoient pas de les attaquer. Lorsqu'ils avoient à combattre, ils ne vouloient point que l'on leur présentât du vin parce qu'ils s'imaginoient que cette liqueur ne servoit qu'à diminuer les forces & le courage. Ils mettoient leur gloire à rendre inhabités les pays qui environnoient celui qu'ils occupoient, ce qui marquoit selon eux que bien des Peuples & des Villes n'avoient pu résister à la force de leurs armes. Ils portoient de longues & épaisses moustaches qu'ils avoient soin de mettre en boucle, & ils troussoient & lioient leurs cheveux sur le sommet de leurs têtes pour inspirer plus de terreur à leurs ennemis. Au reste tous ces Peuples adoroient le Dieu Herth, c'est-à-dire, la terre mere qu'ils regardoient comme président à tous les événemens de la vie humaine.

Ces Sueves habitoient en Allemagne plusieurs siécles avant la naissance du Sauveur, & formoient alors un Peuple très-puissant : ils n'occuperent pas d'abord le pays qu'on nomme aujourd'hui la Souabe, mais ils habitoient entre la Vistule, le Danube & l'Elbe jusqu'à la Mer Baltique, c'est-à-dire, la Bohême, la Silésie, la Moravie, la Lusace, la Marche, la Pomeranie, le Meckelbourg.

D'un autre côté les Peuples qui habitoient dans la Souabe avant la naissance de Jesus-Christ, étoient les *Vindelici* & les Marcomans. La Vindelicie étoit cette partie de la Souabe qui confine à la Baviere. Les Romains s'emparerent d'une partie de ce pays qu'ils joignirent à la Rhétie. Quant aux Marcomans, ils pouvoient occuper à peu près ce qui forme aujourd'hui le Duché de Virtemberg. Peu de tems avant la naissance du Sauveur ils se retirerent en Bohême & en Moravie où ils fonderent le grand & fameux Royaume des Marcomans. Ce pays que ceux-ci avoient abandonnés fut occupé par différens Peuples. Les mots Allemands *allerhand mœnner* signifient toutes sortes de gens. De ces mots Allemands on forma le nom d'Allemanni, & le pays fut appellé *Allemania*.

Ces Allemands étoient si puissans que les Romains ne purent jamais venir à bout de les réduire sous leur domination. Ils avoient leurs Rois particuliers, dont le dernier fut Alaric qui, en 499 fut tué par les Francs. Il est vrai que les Allemands n'auroient pu se garantir du joug des Romains si les Sueves ou Souabes leurs voisins n'étoient pas venus à leur secours ; mais après avoir été leurs défenseurs ils devinrent leurs maîtres, & s'étant emparés de leur pays, ils lui donnerent le nom de *Suevia* ou Souabe.

Dès-lors il ne fut plus fait mention pendant long-tems du nom Allemand ; cependant une preuve que la puissance des Allemands étoit grande & connue des Peuples voisins, c'est que les François ont conservé jusqu'à ce jour le nom d'Allemagne, quoique ce nom ne soit plus en usage dans la langue Allemande.

Les Sueves ne donnerent à leur Souverain que le titre de Duc, & ceux-ci posséderent ce pays en cette qualité pendant l'espace de huit siécles, après cela ils furent élevés à la dignité Impériale dans le douziéme & treiziéme siécle pendant cent cinquante ans consécutifs, c'est-à-dire, jusqu'au commencement du grand interregne.

Henri VI, l'un de ces Empereurs Souabes, épousa Constance Princesse des Normans & héritiere des Royaumes de Naples & de Sicile ; mais ce mariage fut fatal à la Maison de Souabe, car le Pape qui ne vouloit point avoir les Allemands pour voisins en Italie, donna l'investiture de Naples & de Sicile à un Prince François ; & Conradin dernier Duc de Souabe ayant voulu s'y opposer fut

fut battu, pris prisonnier & décapité publiquement à Naples. L'an 1269 Rodolphe de Hasbourg ayant été élu Empereur, donna le Duché de Souabe en fief à son fils Rodolphe : Jean fils de celui-ci, pour avoir tué l'Empereur Albert I en 1308, fut obligé de se sauver & de perdre la Souabe de vûe pour toujours ; dès lors la Maison d'Autriche prit le titre de Duc de Souabe, qu'elle conserve encore. Ce Duché est divisé en plusieurs États immédiats de l'Empire.

Des Etats Ecclésiastiques de la Souabe.

L'Évêché d'Ausbourg situé près des frontieres de la Baviere, s'étend depuis le Danube jusqu'au Tirol ; ainsi il a environ quarante-huit lieues de long, mais il n'en a que douze de large & seulement quatre dans plusieurs endroits.

La Ville d'Ausbourg qui est l'ancienne *Augusta Vindeliciorum*, est une Ville Impériale libre où l'Évêque n'a aucun pouvoir à l'égard du temporel. Il fait sa résidence ordinaire à Dillingen située sur le Danube, environ à quatre lieues au-dessus de Donavert vers Ulm.

Ausbourg est une grande Ville dont les rues sont larges & droites, & presque toutes les maisons chargées de peintures en dehors, mais il y en a peu de pierres de taille. Le Sénat de cette Ville est mi-parti de Luthériens & de Catholiques; mais ce Sénat n'est pas le seul maître de l'État, cinq ou six Souverains le partagent. La Maison-de-Ville est un fort grand bâtiment quarré de fort belles pierres de taille. Ce portail est de marbre, & presque toutes les chambres sont lambrissées & plafonnées d'un frêne de Pologne qui est extrêmement beau. La grande salle a cent dix pieds de long, cinquante-huit de large & cinquante-deux de haut; le pavé est de marbre jaspé, les murailles sont couvertes de belles peintures, entre lesquelles il y a quantité d'emblêmes & de devises qui ont du rapport au Gouvernement; mais le plafond est ce qu'il y de plus beau; ce sont des compartimens dont les cadres & les panneaux sont enrichis de sculptures dorées & remplis de tableaux ou d'autres ornemens.

L'Arsenal de cette Ville est fort grand, les deux salles d'en bas sont pleines de canons, dont la plus grande partie est de fonte : les hauts étages sont remplis de bonnes armes.

On n'est pas moins ingénieux à Ausbourg qu'à Nuremberg, & on y excelle particullierement en horlogerie, en orféverie & en ouvrages d'yvoire; on y fait des verres bien vuides & bien formés, avec un anneau qu'on a épargné sur la même piéce en les tournant, & qui joüe sans pouvoir échaper entre pied & le corps du verre ; il y en a cent avec chacun leur anneau, dans un grain de poivre de médiocre grosseur ; ils ont des puces enchaînées par le cou avec des chaînes d'acier ; cette chaîne est si délicate quoiqu'elle soit à peu près longue comme la main, que la puce l'enleve en sautant ; l'animal tout enchaîné, ne se vend que dix sols.

L'Évêché de Constance, est un autre Etat Ecclésiastique de la Soüabe. Dans les premiers siécles de l'Eglise, les Evêques faisoient leur résidence à Vindonise, ancienne & fameuse Ville, située où est à présent le Village de Vindisch, dans le Canton de Berne. Cette Ville ayant été ruinée par les Allemands, les Evêques transférerent leur Siége à Constance, dans le sixiéme siécle. En 1414 on tint dans cette Ville le fameux Concile, qui fît brûler Jean Hus, & qui par cette sévérité allumât la funeste guerre, qui désola long-tems la Bohéme, & plusieurs Provinces de l'Allemagne. Cette Ville peut être considérée comme deux places contiguües l'une à l'autre, dans une même enceinte, mais séparées l'une de l'autre, par des murailles & un fossé.

L'Evêché de Constance, est divisé en 66 Doyennés qui renferment 1760 Paroisses. Les terres de l'Evêque, sont la plûpart dans le Turgow, en de-çà & en de-làdu Lac de Constance.

Un des principaux Priviléges de l'Evêché de Constance, c'est qu'il a le Directoire du Canton de Soüabe, conjoïntement avec le Duc de Wirtemberg.

Les Abbayes de Kempten & d'Elvangen, situées dans la Soüabe, ont aussi le titre de Principauté.

Les Prélats qui ont voix & scéance

dans les Etats de Soüabe, ſont les Abbés de Marchtal, d'Elchingen, de Salmanswoitter, de Vingarten, d'Ochſenhauſen, d'Ieſingen, de Peterhauſen, d'Urſperg, de Munch-Roden, de Rogembourg, de Verſſenau, de Schuſſereried, de Wetenhauſſen, & de Gergenbach. Outre ces Prélats, il y en a encore ſix qui dépendent immédiatement de l'Empereur, mais qui n'ont point ſcéance dans le banc des Prélats de Soüabe. Leurs Prélatures, ſont Richenau & Saint Uldaric, Saint George, Ottenbenern, Saint Blaiſe, & Zwyfalten.

Les Abbeſſes immédiates du Cercle de Soüabe, ſont les Abbeſſes de Buchau, de Lindau, de Rotenmunſter, de Guttenzell, de Regenback & de Baindt.

Des Etats ſéculiers, du Cercle de Soüabe.

Les Etats ſéculiers du Cercle de Soüabe, ſont le Duché de Wirtemberg, duquel dépend la Principauté de Montbelliard, le Marquiſat de Bade, la Principauté d'Hohenzollern, la Principauté d'Oettingen, celle de Furstenberg, les Terres appartenantes à la maison d'Autriche, celles qui dépendent de la Baviere, les Comtés immédiats de Soüabe, la Noblesse immédiate de ce Cercle, & les Villes libres que cette Province renferme.

Le Wirtenberg, tire son nom d'un ancien Château, situé sur une montagne assez près de Stougard, où les Seigneurs de ce pays faisoient leur résidence ordinaire. Ce fut en 1495 que le Wittemberg, fut érigé en Duché, par l'Empereur Maximilien, qui donna le titre de Duc, au Comte Eberard, dans la Diete de Vormes.

Ce Duché, qui fait la principale partie de la Soüabe, a environ quarante lieues de long, & vingt-quatre de large. Stugard, la Capitale du pays, est située à une petite distance du Necher, entre des collines où l'on voit de beaux vignobles; elle est ceinte de murailles & entouré de fossés; il y a un Château où l'on voit un riche cabinet de raretés, & à côté de très-beaux jardins. Dans le ſauxbourg dont les ruës ſont larges & droites, eſt le Palais du Duc & un grand nombre de ſuperbes maiſons. Le Château a trois montées faites en caracol, dont la principale eſt ſi large, que deux hommes à cheval peuvent y monter enſemble; du côté de l'Orient eſt un Pont qui donne entrée aux jardins du Duc où l'on voit près du foſſé une voliere pleine de toutes ſortes d'oiſeaux comme un bocage; il y a dans le foſſé une fort grande quantité de poiſſons, de cignes & d'autres oiſeaux de riviere, & dans la partie du foſſé qui garde le jardin & qui manque d'eau, ſont force chevreuils, avec leurs couverts pour la nuit. On y voit auſſi proche des jardins, un Théâtre à pluſieurs fenêtres, & de-là une grande Cour couverte de ſable pour les combats à cheval, avec des lices, & des carrieres pour courir la bague. Le même jardin renferme une maiſon où l'on voit quantité de tableaux, de portraits, de ſtatues, d'antiquités, des labyrintes, un mont d'olivet, des fontaines avec leurs tuyaux de bronze, des grenouilles, des lezards, des ſerpens d'airain, qui jettent de l'eau par la gueule & par la queue, des paysans & des paysannes de fonte, qui dansent à la rustique, une chasse de diverses bêtes faites d'airain, & mille autres ornemens singuliers.

A six lieues de Stugard, est la petite Ville de Mackgrœningen, où se rendent tous les ans, le jour de la Saint Barthelemy, tous les paysans du pays. La fête commence par un sermon, auquel ils vont en procession, & au son des instrumens de musique, de-là ils courent vers un but pour remporter un prix, qui consiste en un beau mouton tout couvert de rubans, & une cuilliere d'argent; ensuite tout le monde danse, & le Duc y fût-il en personne, il seroit obligé de danser.

Weinsberg est renommée par un événement trop singulier pour ne pas être rapporté. En 1140 l'Empereur Conrad III. vint assiéger dans cette Ville, son ennemi, le Duc de Wolph; mais comme il accorda une libre sortie aux femmes qui y étoient enfermées, avec la permission d'emporter tout ce qu'elles pourroient, chacune chargea ſon mari ſur ſes épaules, & la Ducheſſe Uthe qui portoit le Duc Welph ſon époux, marcha à la tête de toutes les autres.

La Principauté de Montbelliard qui appartient au Duc de Wirtemberg a environ douze lieues de longueur ſur preſque autant de largeur; elle eſt enclavée entre la Franche-Comté, le Sundgau & la Lorraine, & confine du côté du Midi à l'Évêché de Baſle.

Une des curioſités les plus remarquables de cette Province eſt une fameuſe caverne qui ſe trouve à *Paſſavant* & qui ſert de glaciere aux environs. L'entrée a environ vingt pas de large, de là par une deſcente de près de trois cens pas on va à la porte de la grotte qui eſt deux fois plus haute & plus large qu'une grande porte de Ville. La caverne qui a trente-cinq pas de profondeur ſur ſoixante de largeur, eſt couverte d'une eſpece de voûte de plus de ſoixante pieds de haut, ainſi on voit clair par tout. Il pend de la voûte de gros morceaux de glace qui font un très-bel effet, mais la plus grande abondance ſe forme du petit ruiſſeau qui occupe une partie de la caverne ; il coule en hyver & se glace en été. Au fond on trouve des pierres qui ressemblent si parfaitement à des citrons confits, qu'il est difficile de ne pas y être trompé. Les paysans des environs jugent du tems qu'il fera par la pureté de l'air ou par l'épaisseur des brouillards qui se voyent quelque fois dans cette caverne, car les brouillards sont une marque de pluye pour le lendemain.

Montbelliard, Capitale de cette Principauté, est situé au confluent de l'Alan & de la Rigole qui vont se décharger dans le Doux à une demi lieue de la Ville. Le Château qui est fort spacieux est bâti sur un rocher qui lui sert de fondement. La Ville étoit ci-devant fortifiée & munie d'une forte Citadelle que les François démolirent en 1677.

La situation de cette Ville est avantageuse, le terroir des environs fertile, & l'air qu'on y respire est très-sain. La promenade la plus agréable est le jardin du Prince qui est près du Château & à une très-petite distance du parc. Ce parc est un bois qui a au moins une lieue de contour & qui est ceint d'une muraille d'environ dix pieds de haut. Environ à une demi lieue de la Ville est une forge qui fournit quantité d'excellent fer ; les abondantes mines de ce métal qui sont près de là facilitent beaucoup le travail de cette forge. Les autres marchandises que cette Ville fournit à ses voisins sont des toiles, des indiennes, des cuirs & différens ouvrages de coutellerie qui sont d'une bonne trempe.

Du Marquisat de Bade.

L'ancienne Maison de Bade est divisée en deux branches, dont la premiere qui tire son nom de Bade, porte le titre de Margrave Bade-Bade, & la seconde qui a tiré son nom de la Ville de Dourlac, porte le titre de Margrave de Bade-Dourlac.

La branche de Bade Bade, qui est l'aînée, professe la Religion Catholique aussi bien que la plupart de ses sujets. Les terres qui dépendent de cette branche sont le haut Marquisat de Bade, une partie du Comté d'Eberstein & de celui de Sphanheim, trois Seigneuries dans le Duché de Luxembourg, huit Seigneuries dans le Royaume de Bohême, la Ville de Guntzbourg ſituée dans le Marquiſat de Burgau, & la Seigneurie de Mahlberg.

La branche puînée qui eſt celle de Bade-Dourlach fait profeſſion de la Religion Proteſtante : les terres qu'elle poſſede ſont le bas Marquiſat de Bade-Dourlac avec la Ville de Dourlac, le Marquiſat de Hachberg, le Langraviat de Sauſenberg, la Seigneurie de Roeteln & la Seigneurie de Bandenweiler.

Le Margraviat a le Palatinat & l'Évêché de Spire pour bornes au Nord, le Duché de Wirtemberg & la Principauté de Furſtemberg à l'Orient, le Briſgaw au Midi, & le Rhin à l'Occident. On le diviſe en deux parties, la ſupérieure s'appelle haut Margraviat ou le Margraviat de Bade-Bade, & l'inférieure le bas Margraviat ou le Margraviat de Bade-Dourlac.

Bade Capitale du haut Margraviat eſt ſituée ſur une montagne qui eſt environnée de vignobles de toutes parts. Il y a des bains très-salutaires, & douze différentes sources d'eau chaude.

Dourlach, Capital du bas Margraviat de Bade, est une petite Ville assez bien bâtie au pied de la montagne de Thurnberg où étoit une ancienne tour dont on voit encore les restes.

A une lieue de Dourlach est la petite Ville de Carlsrouhe, que le Margrave Charles Guillaume fit bâtir en 1715 pour en faire sa résidence ordinaire. Elle forme un demi cercle, & les rues vont aboutir au Château qui leur sert de centre, de sorte que depuis le Château on a la vûe sur toutes les rues de la Ville. Entre le Château & la Ville, il y a de magnifiques jardins percés d'allées qui répondent aux rues de la Ville. La forêt qui est derriere le Château est aussi coupée par un grand nombre d'allées de plusieurs lieues de long, qui de même que les rues de la Ville & les allées du jardin aboutissent toutes à la cour du Château. Ce qui rend ce séjour charmant, c'est la magnificence des jardins, l'orangerie, la ménagerie, la faisannerie & le jardin botanique où presque toutes les plantes rares & curieuſes du monde ſe trouvent.

La Principauté de Hohenzollern eſt ſituée entre la Ville de Tubingue & celle d'Ulm, & par conſéquent entre le Necher & le Danube; elle eſt compoſée de pluſieurs anciens Comtés.

Celle d'Œtingen eſt près des frontieres de la Franconie entre Donnwert & Noerdlingen; elle a environ douze lieues en longueur ſur huit de largeur.

Celle de Furſtemberg forme un pays fort étroit, mais qui a environ quarante huit lieues de longueur, car il s'étend depuis le Marquiſat de Bade à travers la forêt noire le long du Danube preſque juſqu'à la Ville d'Ulm.

Des Provinces Autrichiennes ſituées en Souabe.

Ces Provinces quoique ſituées dans la Souabe, appartiennent au Cercle d'Autriche, & dépendent de la régence de l'Autriche antérieure qui eſt établie à Inſpruch dans le Comté de Tirol. Ces Provinces ſont au nombre de treize, ſçavoir, le Baillage de Souabe, les quatre Villes foreſtieres Rheinfeld, Seching, Lauffembourg & Waldshout, le Landgraviat de Nettenbourg, le Bourgraviat de Burgau, la Province de Briſgau, la Province d'Ortenau, les Comtés d'Hohenberg, de Montfort, de Bregentz, de Veldkirck, de Sonnenberg, quelques Seigneuries ſituées aux environs d'Ulm & la Ville de Conſtance.

Le Baillage de Souabe eſt une contrée ſituée près du Lac de Conſtance & qui a environ ſeize lieues de long ſur huit de large. Il y a pluſieurs Châteaux dont le plus remarquable eſt celui d'Altorf, qui eſt le patrimoine des anciens Comtes d'Altorf, & le lieu d'origine des Welfes : voici ce que l'Hiſtoire nous en apprend.

Ermontrude ſœur de ſaint Rildegard & Comteſſe d'Altorf, fut priée un jour par une pauvre femme qui avoit accouché de trois enfans à la fois, de lui donner l'aumône ; cette Princeſſe s'imaginant que cette femme ne pouvoit avoir mis au monde ces trois enfans qu'en ayant eu commerce avec trois hommes, en témoigna son indignation à la mendiante ; celle-ci affligée de ce reproche mal fondé, souhaita qu'il plût à Dieu de faire que la Princesse accouchât d'autant d'enfans à la fois qu'il y a de mois dans l'année. Ses vœux furent exaucés, car la Princesse devenue enceinte, accoucha un an après de douze enfans mâles. Le Comte Isenbart son époux ne se trouvoit point alors chez lui ; & comme il étoit souvent arrivé à cette Princesse de dire à table que les femmes qui accouchoient de plus d'un enfant avoient affaire avec plus d'un mari, elle eut peur d'être soupçonnée d'avoir commis onze infidélités. Dans le tems qu'elle étoit ainsi agitée, une vieille femme lui offrit d'aller jetter onze de ces enfans dans l'eau, à quoi elle consentit ; mais dans le tems que la cruelle Matronne alloit les noyer, le Comte Isenbart retournant au Château la rencontra & voulut absolument sçavoir ce qu'elle portoit : dans l'embarras où elle se trouvoit, elle répondit que c'étoit des petits loups, en Allemand woelse, voulant dire que c'étoit des petits chiens. Le Comte curieux de sçavoir

voir ce qui en étoit, voulut voir les jeunes loups, & dès qu'il apperçut que c'étoient des enfans, il menaça la vieille de la mettre en piéces si elle ne lui découvroit tout le mystere de cette avanture. Sur le récit fidelle qu'elle lui fit, il confia ces onze enfans à un Meûnier pour les élever secrettement. Six ans après le Comte célébrant le jour de sa naissance avec beaucoup de solemnité, ordonna qu'on lui amenât ses onze fils pendant qu'il étoit à table, & bien-tôt après on vit entrer dans la salle ces onze freres tous de la même taille, & habillés de la même maniere. La Comtesse ayant fait connoître son étonnement de voir une si parfaite ressemblance entre ces enfans, le Comte lui demanda quelle peine mériteroit une mere qui auroit voulu noyer onze enfans innocens comme ceux-là.

Ermontrude devina d'abord ce que cela vouloit signifier, & dans la consternation où elle se trouva, elle alla se jetter aux pieds de son époux, qui lui pardonna son crime.

En mémoire de cet événement extraordinaire le Comte fit donner le nom de Wels au douziéme fils que la mere avoit gardé auprès d'elle. Ces douze fils formerent dans la suite douze puissantes Maisons, jusques là que celui qui reçut le nom de Wels a eu des descendans qui de nos jours sont montés sur le Trône de la Grande Bretagne.

La Ville la plus considérable que la Maison d'Autriche possede en Souabe, c'est Fribourg située dans la forêt noire, défendue par une Citadelle & deux Châteaux situés sur une montagne. Ce fut la derniere place que les François prirent en 1713 sous le commandement du Maréchal de Villars, mais ils la rendirent l'année suivante par la paix de Rastadt. Ils en firent le siége en 1744; le Général Damnitz qui en étoit le Commandant, la défendit pendant quarante-cinq jours; mais la Garnison s'étant extrêmement affoiblie, il sortit de la place & capitula dans le Camp du Roi le 6 Novembre. On lui accorda quinze jours pour sçavoir de la Cour de Vienne si l'on devoit défendre les Châteaux ou les rendre aux François, on lui ordonna de se rendre, ce qu'il fit le 25 Novembre. On en démolit ensuite les Châteaux & les Fortifications. Il y a à Fribourg une Université qui fut fondée en 1540 par Albert VI le débonnaire Duc d'Autriche.

Nous ne devons pas oublier de dire que la Maison de Baviere possede dans la Souabe trois pays ou cantons qui sont la Principauté de Mindelheim, le Comté de Schwasbeck & la Seigneurie de Weissentaig.

Les Comtés libres & immédiats de l'Empire situés dans la Souabe sont au nombre de 17, sçavoir, les Comtes d'Ems, de Fugga, de Geroldesch, de Justingen, de Koenigseck, de Kronenberg, de Limpourg, de Loewenstein, de Montfort, de Pappenheim, de Rechberg, de Sultz, de Tanhausen, de Thengen, de Traun & de Waldbourg.

La Noblesse immédiate de l'Empire du Cercle de Souabe est partagée en cinq classes ou cantons qui sont les cantons d'Hegow, d'Algow, d'Ortenau, de Creichgau, & de Kochgau. En tems de guerre les États de Souabe qui s'asſemblent à Heilbron ou à Halle ſe choiſiſſent un Chef, & peuvent mettre ſur pied dix à douze mille hommes.

Des Villes Impériales ſituées dans le Cercle de Souabe.

Les Villes libres & Impériales ſituées dans la Souabe ſont au nombre de trente-quatre, dont les plus conſidérables ſont Auſbourg, Elſinghen, Heilbron, & Ulm.

Une particularité que nous avons omiſe en donnant la deſcription d'Auſbourg, eſt la maniere ſurprenante d'y entrer par les portes qui s'ouvrent & ſe ferment d'elles-mêmes au moyen de certaines machines qu'on fait jouer. A l'aide de cette invention on laiſſe entrer un chacun dans la Ville à quelque heure de la nuit que ce ſoit. Quand celui qui veut entrer arrive devant la porte, il commence par dire ſon nom, qu'il ſoit bourgeois ou étranger; enſuite on lui deſcend un petit pannier dans lequel il met un bats & autant pour chaque bête qu'il a avec ſoi, ne fut-ce qu'un chien; ſur cela un pont-levis se baisse & une porte s'ouvre. Dès qu'il est entré & que tout est refermé derriere lui, il voit au même instant un nouveau pont se baisser & une autre porte s'ouvrir ; & tout cela se fait sans qu'il apperçoive personne. Il est permis à un chacun d'entrer ainsi dans la Ville pendant la nuit, mais on n'en laisse sortir personne que par l'ordre du Magistrat. Le nom de cete Ville est surtout devenu fameux par la Confession présentée par les Protestans à l'Empereur Charles V en 1550, & communément appellée la Confession d'Ausbourg.

Elsingen est une assez grande Ville, située sur le Necher à une lieue de Stugard où il y a cinq Fauxbourgs. La Religion dominante est la Protestante ; cependant il y a plusieurs Couvens ; le Duc de Wirtemberg en est protecteur.

Heilbron sur le Necher & près des frontieres du bas Palatinat, est une Ville avec quelques Fortifications qui furent augmentées en 1739. Son nom qui ne signifie rien autre chose que sources salutaires, lui vient des eaux médicinales qui y attiroient autrefois quantité de malades, dont les uns étoient guéris en les bûvant & d'autres en s'y baignant.

Ulm sur le Danube est une grande Ville munie de fortifications ; le territoire qui en dépend a douze lieues de long sur huit de large. Cette Ville est la premiere des Villes Impériales de Souabe, & c'est la dépositaire de toutes les archives du Cercle. Ulm n'étoit anciennement qu'un petit Bourg dont Charlemagne fit présent à l'Abbaye de Richenau. En 1200 les habitans en firent une jolie Ville qu'ils prirent soin d'aggrandir. L'Empereur Frederic III la mit au rang des Villes Impériales : Le Sénat est composé de 41 Magistrats. Les Catholiques n'y ont que deux Églises, toutes les autres sont aux Protestans.

CHAPITRE VIII.

Du Cercle du haut Rhin ; division de ce pays ; de la partie du Cercle du haut Rhin qui est située du côté de la France ; des Evêchés de Basle, de Vormes, & de Spire ; leurs bornes, leur étendue ; description de leurs Capitales ; de la partie du Cercle du haut Rhin située du côté de l'Allemagne ; du pays de Hesse, étendue & division de cette Province, sa fertilité ; description de Cassel & de Marpourg ; du Comté de Catzenellenboyen, mœurs des anciens Cattes habitans de ce pays, leur discipline, leur valeur, leur maniere de combattre ; description de Darmstat, de Rheinfels & des fameux bains de Schwalbach, de la Veteravie & des principales Villes qu'elle renferme ; description de Francfort & de la célebre Abbaye de Fulde.

LE Cercle du haut Rhin peut se diviser en deux parties ; dans la premiere ſont renfermés les pays ſitués au-delà du Rhin ou du côté de la France, & dans la ſeconde ſont les pays ſitués du côté de l'Allemagne.

De la partie du Cercle du haut Rhin qui eſt ſitué du côté de la France.

L'Évêché de Baſle renferme un pays qui peut avoir quinze lieues de long & environ ſept ou huit de large. Il eſt extrêmement montueux & peu fertile en bled ; la principale richeſſe des habitans conſiſte en de gras pâturages où ils nourriſſent beaucoup de bétail. Le Doux ſerpente dans ce pays avant que de paſſer dans celui de Montbelliard & d'entrer en France. Cette Principauté (car l'Évêque de Baſle eſt auſſi Prince du Saint Empire, & en cette qualité il a voix, ſcéance dans le ban des Princes Eccléſiaſtiques,) eſt composée de pluſieurs territoires dont les principaux ſont celui de Porentru, celui d'Arguel, le Baillage de Delemont & celui de la Franche-Montagne : on y profeſſe par-tout la Religion Catholique, à la réſerve de quelques endroits ſitués dans le Baillage d'Arguel qui ſont de la Religion Réformée.

Porentru, la Capitale du pays, eſt une belle petite Ville ſituée ſur la Riviere de Hallen ; elle a un Château ſitué ſur une éminence, bâti en 1466, qui commande à toute la Ville. Une ancienne Comteſſe de Montbelliard fit donation de la Ville de Porentru à un Évêque de Baſle, à condition que lui & ſes ſucceſſeurs diroient tous les ans une Meſſe pour le repos de l'ame de cette Princeſſe, & que chaque fois ils juſtifieroient juridiquement qu'ils avoient rempli les clauſes de la donation, ſans quoi elle ſeroit nulle.

Wormes & Spire ſont encore deux Évêchés ſitués dans le Cercle du haut Rhin du côté de la France. Le premier de ces deux Évêchés n'a que dix lieues de longueur ſur ſix de largeur ; le Rhin qui le ſépare en deux parties rend la ſituation de ce petit État aſſez avantageuſe.

Wormes, la Capitale de cet Évêché, a été une des plus grandes Villes d'Allemagne, à en juger par l'enceinte des murailles qui enfermoient les Fauxbourgs ; mais comme ils ont été entiérement ruinés par les guerres & qu'on y a planté des vignes en palissades à hauteur d'appui : la Ville qui est renfermée par une seconde clôture n'est pas fort grande, mais elle est fort jolie. Elle a une grande & large rue qui mene à la grande place qui est fort belle : à un des côtés de la place est l'ancien Hôtel-de-Ville, & de l'autre côté est une grande Église qui a deux Chœurs accompagnés chacun de deux tours ; au-devant de cette Église est une petite place où l'on prononce les sentences de mort aux criminels, & on montre une pierre à dix pas de la porte, fichée en terre comme une borne, au tour de laquelle on fait faire trois tours au criminel, & s'il peut pendant ce tems-là toucher cette pierre, il est délivré, ou bien si une fille peut le baiser trois fois ; mais des Ministres de la Justice sont à l'entour pour empêcher que l'on n'aborde le patient, & il y a un homme la hallebarde à la main qui a le pied sur cette pierre & qui empêche que le criminel n'en puisse approcher. A 20 pas de l'ancienne Maiſon-de-Ville eſt la nouvelle qui n'a rien de remarquable que la ſalle où Luther vint ſe préſenter à l'Empereur & déclarer publiquement ſa croyance.

L'Évêché de Spire ſitué près du Rhin qui le traverſe, a du Couchant au Levant vingt lieues de longueur, mais à peine a-t-il douze lieues de largeur.

Spire, la Capitale de ce petit pays, eſt appellée en latin *Spira Nemetum* parce qu'elle a été l'ancienne demeure des Nemetes. Cette Ville n'a pour toutes Fortifications qu'une double enceinte de méchantes murailles crenelées. La Chambre Impériale qui y étoit établie fut transférée à Ratiſbonne en 1693. Ce fut à Spire que ſe tint en 1529 cette célébre Diette où les proteſtations que firent les Sectateurs de Luther leur mériterent le nom de Proteſtans.

Philiſbourg appartient à l'Évêque de Spire; mais toutes les Fortifications qui conſiſtent en ſept baſtions & en pluſieurs ouvrages avancés, appartiennent à l'Empire. Les François ſe rendirent maîtres de cette Ville en 1734, mais ils la rendirent l'année ſuivante, en exécution de la paix de Vienne.

Dans cette même partie du Cercle du haut Rhin, ſont renfermées pluſieurs Comtés & Principautés ſéculieres que nous nous contenterons d'indiquer, parce qu'elles n'offrent rien qui fourniſſe à quelques obſervations particulieres. Ces Comtés ou Principautés ſont le Comté de Licthenberg, le Duché des Deux-Ponts, les Duchés de Simmern, de Birckenfeld, de Weldentz, de Spanheim; les Seigneuries poſſédées par les Rhingraves, le Comté de Salckenſtein, les Comtés de Sarbruck, de Creance, de Biche, de Sarweiden, de Linange, de Wartemberg, & la Principauté de Phalſbourg.

De la partie du Cercle du haut Rhin ſituée du côté de l'Allemagne.

Le pays de Heſſe fait une partie conſidérable du Cercle du haut Rhin; il a environ ſoixante lieues de longueur ſur autant de largeur. Il comprend la Principauté de Heſſe, le Comté de Catzenelenbogen & la Veteravie. Sa ſituation eſt entre la Weſtphalie, le bas Rhin, la Saxe & la Franconie.

Ce pays eſt poſſédé par la ſéréniſſime Maiſon de Heſſe, qui du côté maternel deſcend des anciens Ducs de Brabant, & du côté maternel des Landgraves de Thuringe. Elle eſt préſentement partagée en quatre branches, ſçavoir, deux principales qui ſont Heſſe-Caſſel & Heſſe-Darmſtadt, & deux autres qui ſont des branches de la ſeconde, ſçavoir, Heſſe-Rheinsfels & Heſſe-Hambourg.

La branche de Caſſel eſt de la Communion de Genêve, celle de Darmſtadt eſt de la Confeſſion d'Auſbourg, celle de Rhinsfels eſt Catholique & celle de Hambourg eſt Réformée comme celle de Caſſel; leurs ſujets ſuivent l'une ou l'autre de ces Religions avec liberté.

La Heſſe eſt un pays très-fertile; les montagnes même dont elle eſt remplie enrichiſſent le pays par les bois dont elles ſont couvertes, par l'abondance de gibier qu'elles fourniſſent, par pluſieurs riches mines qu'elles renferment, & par un grand nombre de ſources d'eaux minérales qui s'y trouvent : on voit dans les vallées de belles prairies & de gras pâturages où l'on nourrit de nombreux troupeaux, des campagnes fertiles, de beaux jardins & des rivieres très-poissoneuses.

Ce pays se divise en haute & basse Hesse. La basse est située au Levant près des frontieres de la basse Saxe & est arrosée par cinq rivieres qui sont la Werre, la Fulde, l'Eder, la Schwalm & la Dymel. On divise cette Province en quarante-trois Baillages.

Cassel, Capitale de la basse Hesse, est située sur la Fulde, & est la résidence ordinaire de la principale branche des Landgraves de Hesse. Frederic Roi de Suede né le 18 Avril 1676, en est aujourd'hui le Landgrave, mais en 1730 il chargea le Prince Guillaume son frere de l'administration de ses États héréditaires. On divise Cassel en vieille, neuve & haute Ville. La Ville neuve est la mieux bâtie, & c'est où l'on voit les plus belles maisons. Le Château d'où l'on a une très-belle vûe est bâti de pierres de taille, & les appartemens en sont aussi grands que richement meublés. Il a de bonnes Fortifications de même que la Ville ; les jardins du Prince, l'Arſenal, le cabinet de raretés & la Bibliotheque méritent l'attention des curieux. L'Arſenal en particulier eſt un vaſte corps de logis dans lequel il y a de quoi à armer vingt-cinq mille hommes, & au-deſſous il y a l'Artillerie, & entr'autres plusieurs canons qui portent ſoixante & dix livres de balle.

La haute Heſſe ſituée près des frontieres de la Veteravie, renferme vingt-quatre Baillages. Marpourg ſa Capitale eſt ſituée ſur la riviere de Lahn ; les rues ſont fort larges & les maiſons aſſez belles ; ſa principale place eſt fort grande & embellie d'un Hôtel-de-Ville qui mérite d'être remarqué. Le Château qui eſt ſur le haut d'une colline eſt très-bien fortifié & eſt ſéparé de la Ville par la riviere ſur laquelle il y a un fort beau pont de pierres de taille. L'Univerſité qui eſt dans cette Ville y fut fondée en 1526, & elle conſiſte en trois beaux Colleges. Une des principales curioſités de Marpourg eſt le tombeau de ſainte Éliſabeth fille d'André II Roi de Hongrie, & épouſe de Louis VI Landgrave de Thuringe & de Heſſe, laquelle mourut en 1231. Ce monument qui eſt ſuperbe ſe voit dans l'Égliſe de ſainte Élizabeth, & eſt environné d'un grillage de fer. Le cercueil d'argent enrichi de pierreries s'y trouve encore, mais le Landgrave Philippe le magnanime fit tranſporter les reliques de cette Sainte dans un endroit que l'on n'a pu encore découvrir. L'Hiſtoire rapporte qu'on liſoit autrefois ſur ce mauſolée ces paroles : *Hîc jacet Eliſabeth, ſi bene fecit habet*, c'eſt-à-dire, cy gît Élizabeth, ſi elle a bien fait elle en eſt recompenſée.

Du Comté de Catzenellenbogen.

Le Comté de Catzenellenbogen, qu'on appelle auſſi le Landgraviat de Darmſtad, eſt ſitué près du Rhin, & eſt compoſé de pluſieurs terres, leſquelles ſi elles étoient contigues l'une à l'autre formeroient un pays de vingt-quatre lieues de long ſur douze de large. Cette Contrée a été dévoluë au Landgrave de Hesse, après la mort de Philippe, dernier Comte de Catzenellenbogen, décedé en 1472.

Ce pays étoit l'ancienne demeure des Cattes, peuple né pour la guerre dont ils faisoient leur principale occupation, & c'étoit pour cette raison que les autres peuples faisoient leurs efforts pour en avoir à leur solde. Quoique Soldats mercénaires, ils ne laissoient pas de servir avec autant de fidelité que s'ils eussent été nés parmi ceux qui les employent; ils se montroient acharnés les uns contre les autres dans le combat, comme s'ils ne se fussent point connus, & l'amour de la Patrie cédoit à l'intérêt qu'ils prenoient, aux avantages de ceux pour qui ils s'étoient obligés de combattre.

Ils étoient forts & robustes, & avoient l'air fier & menaçant; leur intrépidité leur faisoit mépriser les plus grands dangers; ils ne choisissoient pour les commander que ceux d'entr'eux qui avoient le plus d'habileté, & qui s'étoient distingués par un plus grand nombre de belles actions; aussi ils comptoient plus ſur la ſcience & la valeur de leur Général que ſur leurs propres forces. Nous apprenons qu'ils furent les premiers à diſcipliner les troupes ; ceux qui paſſoient pour être les plus braves, étoient placés aux premiers rangs dans le combat, tant pour intimider l'ennemi, que pour encourager ceux d'entr'eux qui avoient le moins de valeur. Leurs principales forces conſiſtoient dans l'Infanterie, qui étoient reconnuë comme la meilleur de la Germanie ; ils laiſſoient croître leurs cheveux & leur barbe qu'ils ne coupoient que lorſqu'ils avoient tué quelque ennemi. Avant ce tems là, ils étoient encore obligés de porter un anneau de fer, ce qui étoit parmi eux une marque d'ignominie. Les Cattes ſe partagerent en deux corps dans le bas Empire ; les uns s'unirent aux Cheruſques & aux autres nations, dont celle des Francs fût enſuite compoſée ; & les autres abandonnerent leur ancienne demeure, vinrent s'établir dans une Contrée des Bataves, où ſont encore deux Bourgs qui ont conſervés leur nom. L'un eſt Cattwich ſur le Rhin, & l'autre Cattwich sur l'Océan.

Le Comté de Catzenellenbogen, se divise en deux parties, sçavoir, le haut Comté qui est situé en de-çà du Rhin ; & à quelque distance du Rhin, est le bas Comté, qui est situé au Couchant du Rhin, ou plus bas que le haut Comté ; le premier appartient à la branche de Darmstadt, & le second au Landgrave de Rheinfelds.

Darmstadt, Capitale du haut Comté & la résidence ordinaire du Landgrave, est à six lieues de Francfort. Le Château est un fort bel édifice ; il y a aussi dans la Ville un beau Collége.

Rheinfelds, est une bonne place forte sur un rocher escarpé, qui défend la Ville de Goar ; à l'opposite on voit une autre Forteresse bâtie comme la premiere, qu'on a nommé Catz ; vis-à-vis de l'autre côté du Rhin, est situé le Fort de Gewershausen ; de sorte que dans un petit espace de terrein, on voit plusieurs Forteresses, l'une près de l'autre. La Forteresse de Reinfelds commande toute la largeur du Rhin, & tous ceux qui passent par là, sont obligés de payer un péage considérable.

Ce qu'il y a de plus remarquable à voir dans le bas Comté de Catzenellenbogen ; ce sont les fameux bains de Schwalbach, la principale source s'appelle la fontaine de vin ; il y en a une autre qu'on appelle la fontaine boüillante, parce que l'eau bout continuellement comme si elle étoit sur un grand feu ; on en voit une troisiéme, qu'on appelle la fontaine des tilleuls, sans parler de plusieurs autres. Les raretés qui se trouvent dans cet endroit, sont, 1°. Trois échos qui se répondent l'un à l'autre, où l'on entend souvent retentir les tymballes & les trompettes. 2°. L'arbre dn mariage, qui est composé d'un chêne & d'un charme, crus & joints ensemble 3°. Le bel arbre qui est composé de cinq charmes entrelassés l'un dans l'autre. 4°. Deux caves de souffre où ni hommes ni bêtes ne peuvent rester sans perdre la vie.

De la Veteravie.

La Veteravie forme une grande Province qui a environ vingt-quatre lieues en quarré. Elle est située entre le pays de Hesse, le bas Rhin, la Westphalie & la Franconie. La Riviere de Lahn ou Lohn qui la traverse en coulant du Levant au Couchant, & qui va ensuite se décharger dans le Rhin, partage cette Province en deux parties assez égales, sçavoir, en Septentrionale & en Méridionale. La Veteravie Septentrionale se nomme aussi Westervald, & les Princes qui ont des Terres, Princes de Westervald. Les Terres renfermées dans cette Province appartiennent à l'Électeur de Treves, à l'Électeur de Mayence, à la Maison de Hesse-Darmstadt, à celle de Hesse-Hambourg, à différentes branches de la Maison de Nassau, aux Comtes d'Illenbourg, de Hadmar, d'Idstein, de Veilbourg, de Hanau, de Valdeck, de Solms, d'Isenbourg, de Wied, de Witgenstein, de Westerbourg, de Hachenbourg & de Guedern.

Des Villes Impériales situées en Veteravie.

Ces Villes ſont au nombre de quatre qui ſont Francfort, Vetzlar, Guelenhauſen & Frideberg. Ces deux dernieres n'ont rien qui mérite quelque attention.

Francfort la plus conſidérable de ces quatre Villes, eſt plus grand que Mayence, plus riche, mieux bâti & mieux peuplé ; l'Hôtel-de-Ville eſt un beau & vaſte édifice, quoique bâti dans un goût antique : on y conſerve la fameuſe Bulle d'or ou l'original des loix fondamentales de l'Empire que l'Empereur Charles IV établit en 1356. C'eſt dans cette Ville que ſe fait ordinairement l'Élection & le Couronnement des Empereurs d'Allemagne. Lorſque la guerre ou la peſte ne permettent pas d'en faire les cérémonies, on donne toujours aux habitans de cette Ville des aſſurances que cela ne dérogera point à leurs priviléges. Les cérémonies ſe font dans l'Égliſe de ſaint Barthelemi où le corps de l'Empereur Gunther est inhumé. La plupart des habitans professent la Religion Protestante ; les Réformés Allemands & François qui y sont en assez grand nombre sont obligés d'aller faire l'exercice de leur Religion à Bockenheim, Village situé à une lieue de la Ville. Les Juifs qui s'y trouvent aussi en assez grande quantité occupent un quartier séparé qu'on ferme la nuit pour empêcher le désordre. Cette Ville est une des plus commerçantes de l'Europe ; il s'y tient tous les ans deux grandes foires, & elle possede aux environs de son enceinte un territoire d'une assez grande étendue ; l'Empereur Charlemagne y assembla en 704 un Concile fort célébre.

La Bulle d'or conservée à Francfort est un livre de vingt-quatre feuilles de parchemin *in-quarto* qui sont cousues ensemble & couvertes d'un autre parchemin sans aucun ornement. Le sceau y est attaché avec un cordon de soye de diverses couleurs, & ce sceau est couvert d'or de telle maniere qu'il ressemble à une médaille ; il a deux pouces & demi de diametre & une bonne ligne d'épaiſſeur. Sur ce ſceau eſt l'Empereur Charles IV aſſis & couronné tenant le Sceptre de la main droite & le Globe de la main gauche ; l'Écu de l'Empire eſt à ſa droite, celui de Bohême à ſa gauche, & au tour eſt écrit : *Carolus quartus, divinâ favente clementiâ, Romanorum Imperator ſemper Auguſtus ;* & à chaque côté proche des deux Écuſſons, *& Bohemiæ Rex.* Sur le revers il y a comme une porte de Château entre deux tours, ce qui eſt apparemment pour repréſenter Rome puiſque ce Vers eſt écrit a l'entour :

Roma caput mundi regit Orbis fræna rotundi.

Wetzlar à douze lieues de Francfort eſt entourée de foſſés & ceinte de murailles flanquées de tours. En 1643 on transféra dans cette Ville la Chambre Impériale qui étoit établie à Spire à cauſe des guerres qui ravageoient le Palatinat.

La riche Abbaye de Fulde qui a été érigée en Principauté ſe trouve auſſi renfermée

fermée dans le Cercle du haut Rhin ; le territoire qui en dépend a trente lieues de long & autant de large ; elle est située entre le pays de Hesse & la Franconie. Cette Abbaye fut fondée par saint Boniface Archevêque de Mayence en 744. L'Abbé est Archichancelier de l'Impératrice, qu'il a droit de couronner en qualité de premier Official : il est Prince de l'Empire, & Primat des Abbés d'Allemagne, & il releve immédiatement du saint Siége. Les Religieux de cette Abbaye qui est de l'Ordre de saint Benoît doivent être tous Nobles, & ils ont droit d'élire un d'entre eux pour Abbé.

Fulde, Capitale du pays sur la riviere du même nom, a été la patrie du célébre Kircher Jésuite, l'un des sçavans les plus célébres du siécle passé. Ce qu'on voit de plus rare dans cette Ville est l'ancienne Bibliotheque dans laquelle il se trouve un grand nombre de manuscrits curieux. Les Protestans disent que Gilberte originaire de Mayence, qu'ils assurent avoir été élevée à la dignité Papale l'an 854 sous le nom de Jean VIII avoit fait ses études dans l'école de Fulde.

La Noblesse immédiate du Cercle du haut Rhin est divisée en trois quartiers ou cantons dont le premier est dans le Wesgau qui est une langue de pays qui traverse le Palatinat & aboutit à la Lorraine & à l'Alsace ; le second comprend la Veteravie & le Rhingau ; & le troisiéme renferme le bas Rhin, le Hundrusch & l'Eberswald.

CHAPITRE IX.

Division du Cercle Electoral; de l'Electorat du Palatinat du Rhin; privileges & prérogatives attachés à la dignité d'Electeur Palatin; par qui le Palatinat du Rhin a été anciennement habité; diverses révolutions arrivées dans ce pays; forme du Gouvernement présent; productions de ce pays; description d'Heidelberg & de Manheim; des Electorats de Mayence, de Treves & de Cologne; fonctions & dignités de ces trois Electeurs; bornes, situation & division du pays qui forme leurs Electorats; description de leurs principales Villes, leur antiquité; par qui les Peuples qui les habitoient ont été convertis à la Foi.

LE Cercle Électoral comprend quatre Électorats qui sont celui du Palatinat avec les trois Électorats Ecclésiastiques, sçavoir, Mayence, Treves & Cologne.

De l'Electorat du Palatinat.

L'Électeur Palatin est grand Trésorier de l'Empire, & à la mort d'un Empereur, lorsqu'il n'y a point de Rois des Romains, cet Électeur & celui de Saxe sont Vicaires de l'Empire aussi long-tems que le Trône Impérial est vacant : l'Électeur de Saxe exerce son droit dans les Provinces où le droit Saxon est établi.

Cependant il y a eu des contestations entre la Maison Électorale de Baviere & la Maison Palatine touchant le Vicariat de l'Empire, sçavoir, s'il étoit attaché au haut ou au bas Palatinat, car lors de la mort de l'Empereur Joseph arrivée en 1711, l'Électeur Palatin possédoit les deux Palatinats, parce que l'Électeur de Baviere étoit alors au ban de l'Empire ; mais ce Prince ayant été rétabli, il convint en 1727 avec l'Électeur Palatin que le cas échéant, ils exerceroient conjointement le Vicariat, & cette convention fut confirmée par l'Empereur Charles VI.

Cet Empereur étant mort en 1740, les deux Électeurs prirent ensemble l'administration du Vicariat. Enfin l'Électeur de Baviere ayant été élu Empereur en 1742, il fut arrêté qu'à l'avenir ils exerceroient ce droit alternativement, & que la Maison de Baviere commenceroit, ce qui a été suivi après la mort de ce dernier Empereur.

Les États de l'Électeur Palatin compris sous le nom de bas Palatinat ou du Palatinat du Rhin sont séparés en deux parties par le fleuve du Rhin. La partie Occidentale comprise dans les Gaules étoit habitée par les Nemetes & par les Vangions, & la partie Orientale étoit la partie des Sedusiens. Ceux-ci chassés par les Germains leur abandonnerent le pays & se retirerent vers le Danube où ils s'établirent avec les Marcomans dans le pays des Boyens. Les Terres occupées par les Nemetes & les Vangions furent dans la suite comprises dans la Germanie supérieure, qui fut une des quatre Provinces de la Gaule Belgique. Ces Provinces passerent sous la domination des Rois de France, & après le partage que Clovis fit de ses États entre ses quatre fils, elles furent incorporées au Royaume d'Austrasie; celles qui étoient au-delà du Rhin demeurerent au pouvoir des Allemands, qui après la décadence de l'Empire, avoient donné le nom d'Allemagne au pays qu'ils occupoient. Ce pays fut érigé en Duché, & fit partie du Royaume de Germanie, & presque dans le même tems les Terres qui étoient en-deçà du Rhin furent possédées par des Seigneurs particuliers; enfin la molesse, la négligence & les divisions des derniers Empereurs François ayant donné lieu à des soulevemens dans l'Empire, une partie du Duché d'Allemagne passa à de nouveaux maîtres, & l'autre qui étoit la plus grande forma le Duché de Souabe. Ce fut pendant ces révolutions que les Comtes du Palais ou Palatins étendirent leur domaine qui ne consista d'abord qu'en quelques Terres qu'ils avoient obtenues des Empereurs en fiefs de l'Empire. Ces Comtes étoient originairement des Officiers des Empereurs qui jugeoient des affaires entre les particuliers de la Cour;

Ils recevoient les plaintes des Peuples, leur faiſoient droit, annuloient & réformoient tout ce qui étoit au préjudice de l'autorité ſouveraine, ordonnoit de tout ce qui concernoit les fiefs & les revenus Impériaux, & lorſqu'il ſurvenoit des affaires importantes, ils en faiſoient leur rapport à l'Empereur & en décidoient avec lui. Comme à meſure qu'ils ſe rendirent plus néceſſaires ils devinrent plus puiſſans, les Empereurs leur attribuerent les Jugemens par appel des affaires des Provinces; & comme ils étoient deux, ils partagerent entr'eux la Juriſdiction de l'Empire. Celui du Rhin eut les Provinces qui s'étendoient depuis le Rhin juſqu'aux Alpes, & celui de Saxe eut tout ce qui étoit au-delà juſqu'à la Mer Baltique. Ces Palatins furent ſoumis tant que les Empereurs furent les maîtres, mais dès que ces Princes commencerent à décheoir de la vertu de leurs peres, alors les Palatins ainſi que les autres Officiers de l'Empire profitant d'une occaſion ſi favorable d'uſurper le pouvoir dont ils n'étoient que dépoſitaires, & de s'ériger en Souverains, étendirent leur domaine peu à peu, & la charge de Juges Impériaux ayant mis beaucoup de leurs voisins sous leur Jurisdiction, ils tinrent les plus foibles dans leur dépendance, & se contenterent que les autres fussent leurs vassaux. Comme parmi ces Justiciables il y avoit quantité d'Églises & de Monasteres, ils s'érigerent en protecteurs afin d'en être en quelque façon les maîtres, sous prétexte d'Avocatie. C'est pour cette raison qu'il y a un si grand nombre de fiefs qui relevent des Electeurs Palatins dans la Souabe, la Franconie, la Hesse, les Archevêchés de Mayence, de Treves, de Cologne, & dans le Duché de Juliers.

Le haut & le bas Palatinat appartenoient autrefois au même Souverain, mais ils furent séparés l'un de l'autre en 1620, car l'infortuné Frederic V ayant perdu la bataille & la Couronne de Bohême qu'il avoit acceptée en 1619, il fut le dernier qui ait possédé tout à la fois le haut & le bas Palatinat.

Peu de Princes d'Allemagne ont d'aussi beaux droits que l'Électeur Palatin; il est grand Trésorier de l'Empire; lorsque

que l'Empereur eſt accuſé ou que l'on intente procès contre lui, c'eſt devant cet Électeur qu'une coutume fort ancienne confirmée par la Bulle d'or, l'oblige de répondre : il peut racheter les Seigneuries & les lieux dépendans de l'Empire quand les Empereurs les ont engagés. A la mort d'un Empereur, lorſqu'il n'y a point de Roi des Romains, l'Électeur Palatin & celui de Saxe ſont Vicaires de l'Empire auſſi long-tems que le Trône Impérial eſt vacant. L'Électeur de Saxe exerce ſon Vicariat dans les Provinces où le droit Saxon eſt établi. L'Électeur Palatin a encore un droit particulier qu'on appelle *Wildfangiat*, qui conſiſte en ce que les enfans illégitimes & les étrangers ſans aveu qui ſont trouvés ſur certaines Terres ſont déclarés main-mortes. Il y a des gens établis exprès pour attraper ces ſortes de perſonnes, & ils les cherchent à peu près comme on va à la chaſſe des bêtes fauves ; c'eſt de là qu'eſt venu le terme de *vildfang*, qui ſignifie la priſe des ſauvages.

Le bas Palatinat propre eſt un pays

riche où l'on voit de très-beaux vignobles, des campagnes fertiles, de belles forêts, de beaux jardins, des rivieres & des étangs abondans en poissons, beaucoup de bétail, de gibier & de volaille, mais il ne s'y trouve ni mines ni salines.

Ce pays est divisé en treize Baillages qui composent le Cercle du bas Rhin. Outre cela l'Électeur d'aujourd'hui qui est de la Maison de Sultzbach, posséde le Duché de Neubourg, le Marquisat de Bergue-op-Zoom & les Duchés de Julliers & de Bergue avec la Seigneurie de Ravensteim,

Heiddelberg, la Capitale du pays & l'ancienne résidence des Électeurs, est située dans la plus belle & la plus riche contrée du monde. Cette Ville fut ravagée en 1622 par les Espagnols & en 1693 par les François. La riche & précieuse Bibliotheque qui y étoit fut transférée à Rome & servit à augmenter celle du Vatican. La fameuse tonne d'Heidelberg est ce qu'il y a de plus curieux dans cette Ville. On y monte par un escalier de cinquante degrés, & au-dessus il y a une platte-forme de vingt pieds de long avec une balustrade tout autour. Les armes de l'Électeur sont au plus bel endroit de la tonne ; Bacchus en gros volume y est aussi avec nombre de satyres & d'autres yvrognes de cette sorte ; les vignes, les raisins, les verres & les brocs en bas relief sont partie de ses ornemens ; & l'on y voit aussi plusieurs cartouches, où de belles sentences Allemandes sont écrites sur ce riche sujet. On voit dans la grande Église de cette Ville plusieurs magnifiques tombeaux des Comtes Palatins, celui de Robert Roi des Romains & fondateur de l'Université d'Heidelberg est dans le chœur de cette même Église.

Il n'y a pas long-tems que Manheim n'étoit qu'un petit Village dans le lieu où est présentement la Citadelle. Frederic pere de Charles Louis fit fortifier ce Village & le nomma Fridertsbourg, en même tems on bâtit la Ville qui reprit le nom de Manheim. Tous les jours à cinq heures du matin, à midi & à six heures du soir il y a des Musiciens gagés qui chantent quelque pseaume sur la tour de la Maison-de-Ville. Ils ont des instrumens ſi bruyans qu'on les entend par tout ; cela ſe fait dans preſque toutes les Villes du Palatinat.

De l'Electorat de Mayence.

L'Archevêque de Mayence eſt un des plus grands Princes de l'Empire, tant pour les États qu'il poſſede, que pour l'étendue de la Juriſdiction ſpirituelle qu'il exerce. De là vient auſſi qu'il a le premier rang dans le College des Électeurs. Il a pour ſuffragans Wirtzbourg, Aichſtedt, Vormes, Spire, Straſbourg, Auſbourg, Conſtance, Coire, Hildeſheim & Paderborn.

Ce Prélat eſt grand Chancelier de l'Empire & a ſon Vice-Chancelier à la Cour Impériale qu'il a le droit de choiſir lui-même. Il eſt ſeul directeur du Cercle Électoral, auſſi bien que de toutes les Diettes qui ſe tiennent ordinairement à Ratiſbonne. A l'élection de l'Empereur l'Électeur de Mayence fait la premiere propoſition, mais il donne le dernier ſon ſuffrage.

Le premier Évêque de Mayence fut

saint *Crescens* qu'on assure avoir été Disciple de S. Paul, & être venu à Mayence 80 ans après la naissance de J. C.

Le premier Archevêque fut saint Boniface Anglois de nation, qui a été l'Apôtre de l'Allemagne.

L'Archevêque *Villegis* qui occupoit le Siege de Mayence dans l'onziéme siécle, étoit fils d'un charron ; & c'est lui qui fit mettre dans les armes de l'Archevêque la petite roue de chariot qui s'y voit encore aujourd'hui, avec cette inscription : *Wiligis, Wiligis, souviens-toi de ton origine.*

Les Terres que l'Archevêque de Mayence possede sont situées dans différentes Provinces d'Allemagne, & elles forment un État composé de vingt-six Baillages.

Mayence Capitale de cet Électorat est située sur le bord du Rhin du côté du Midi, & près de l'endroit où le Mein se décharge dans ce fleuve. Selon quelques chroniques du pays, cette Ville a été bâtie 1362 ans avant la naissance de Jesus-Christ par un certain Prince des Magiciens appellé Nequam, qui après avoir été chassé de Treves vint s'établir en cet endroit. Ce qu'il y a de certain, c'est que les Romains firent de cette Ville une de leurs places d'armes, & qu'elle a été considérablement augmentée par Drusus Germanicus, fils de la femme de l'Empereur Auguste, qui commandoit sur le Rhin sept ans avant la naissance du Sauveur. Ce Général eut le malheur d'y perdre la vie à la fleur de son âge, après avoir eu celui de tomber de son cheval & de se casser une jambe. On voit encore dans cette Ville plusieurs monumens consacrés à l'honneur de ce Prince : le premier est la porte de Mayence que l'on nomme la porte de Drusus. Le second est une statue placée sur le bord du Rhin, sur laquelle on lit ces paroles : *In honorem Drusi Germanici.* Le troisiéme est ce qu'on appelle *Drusi locus* ; c'est un endroit peu distant de la Ville où il y avoit autrefois une pyramide qui fut renversée il y a déjà plus de quatre siécles. La quatriéme est la fameuse *pierre de gland* qu'on dit avoir été érigée à la mémoire de Drusus. Cette pierre de gland consiste en un ouvrage construit de pierres qui se voit dans un vignoble près de Mayence sur le fort saint Jacques, & qui ne ressemble pas mal à un gland.

Les édifices les plus remarquables de Mayence sont la cour de l'Archevêché, la Chancellerie, l'Hôtel-de-Ville & l'Arsenal. Les principales Fortifications qu'on a ajoûtées à l'ancienne muraille garnie de tours qui environne toute la Ville, consistent en trois Forts construits sur les hauteurs qui commandoient la Ville. L'Archevêque dernier mort qui étoit de la Maison de Schoenborn, fit bâtir le superbe Palais d'été qu'on nomme la Favorite, près de la Chartreuse; il est accompagné d'un beau jardin orné de grottes, de cascades & de statues. L'Université de Mayence fut fondée en 1477.

De l'Electorat de Treves.

L'Électeur de Treves est Archichancelier de l'Empire, mais ce n'est aujourd'hui qu'un simple titre à l'Élection de l'Empereur; il a l'honneur de donner le premier ſon ſuffrage, auſſi-tôt que celui de Mayence a fait ſa propoſition. Tous les petits fiefs ſitués dans cet Électorat ſont dévolus à l'Archevêque lorſque le vaſſal meurt ſans héritiers; & c'eſt là la raiſon pourquoi la Nobleſſe immédiate de ce pays eſt conſidérablement affoiblie.

Cet Électorat qui eſt ſitué au Couchant du Rhin près de la Moſelle a quarante lieues de long, mais ſa largeur n'eſt pas par-tout la même. On y voit beaucoup de montagnes & de forêts; il eſt borné au Couchant par la Lorraine & le Luxembourg, au Midi par le Palatinat & par l'Archevêché de Mayence, au Septentrion par l'Archevêché de Cologne & par le Duché de Julliers, & au Levant par la Heſſe & la Weſtphalie.

De cet Archevêché relevoient autrefois les Évêchés de Metz, de Toul & de Verdun. Tout ce pays eſt diviſé en trente-ſept Baillages.

Treves ſituée ſur la Moſelle eſt une des plus anciennes Villes du monde & la plus eſtimée de l'ancienne Gaule du tems de ſaint Jérôme. On y voit encore un ancien Palais bâti de briques, dont la maçonnerie est si dure qu'on ne peut venir à bout de la rompre.

Les habitans de cette Ville adoroient autrefois Jupiter, Mars, Appollon & une statue de fer fort pesante de Mercure qui étoit suspendue en l'air par la vertu de quelques pierres d'aiman attachées à la voûte du Temple. Ils avoient aussi une grande statue de marbre de Jupiter qui tenoit une écuelle d'or où l'on mettoit sur des charbons allumés les parfums que l'on offroit à ce Dieu. On tient que ce fut saint Euchaire qui convertit les habitans de Treves à la Foi.

Un proverbe Allemand dit que Treves a existé treize cens ans avant Rome. Dans le tems que cette Ville prétendoit être au nombre des Villes Impériales, elle s'étoit mise sous la protection des Ducs de Luxembourg ses voisins; mais après que le Roi de France se fut mis en possession de ce Duché, il fit assurer la Ville de Treves qu'il en seroit le protecteur, quand même elle ne seroit point ceinte de murailles, & sous ce prétexte Treves devint une Ville aussi ouverte qu'un Village : dans le Fauxbourg de cette Ville étoit autrefois le fameux Couvent de saint Maximin qui en 1673 fut entierement rasé par les François à cause de ses Fortifications. Dans la guerre de 1734 les François se rendirent encore maîtres de cette Ville, mais ils l'évacuerent après que la paix fut conclue le 31 Décembre 1736.

Une autre Ville considérable de cet Électorat c'est Coblens, elle est belle, bien bâtie & assez peuplée, dans une situation au confluent du Rhin & de la Moselle ; & dans un terroir fertile avec des montagnes & des collines chargées de vignobles aux environs. Les François l'assiégerent inutilement en 1688; c'étoit autrefois une Ville Impériale libre. Le Château fut bâti en 1350 par l'Électeur Baudouin de Luxembourg. Ce Château est sur une hauteur qui commande toute la Ville, on l'appelle *Ehrenbreistein*, c'est-à-dire, *le rocher d'honneur* ; & il est bâti sur le Fort d'Ermestein, dont il ne reste plus que cette corne de rocher sur laquelle est un moulin à vent.

De l'Electorat de Cologne.

L'Électeur de Cologne est grand Chancelier de l'Empire. Saint Materne que l'on croit être le fils de la veuve de Naim que notre Sauveur résuscita, passe pour avoir été le premier Évêque de Cologne.

Cet Électorat est situé le long du bas Rhin dans une très-belle & fertile contrée que l'on appelle en Allemand *Diepfassengasse*, c'est-à-dire, le quartier des Prêtres. Ce pays a près de soixante lieues de long, mais en bien des endroits il n'a que quatre ou cinq lieues de large. Il est borné au Couchant par le Duché de Julliers, par celui de Bergue au Levant, par l'Électorat de Treves au Midi, & par les Duchés de Gueldres & de Cleves au Septentrion. Liege, Munster, Osnabrug sont suffragans de l'Archevêché de Cologne.

Cologne la Capitale de ce pays est une Ville Impériale & gouvernée par ses Bourguemestres, mais le pouvoir de l'Archevêque y est fort grand; il connoît de toutes les causes civiles & criminelles, & peut faire grace à ceux que l'Archevêque a condamnés. Cette Ville est fort grande & fermée d'un mur & d'un fossé sec avec des tours & quelques bastions qui défendent les portes. On voit rarement ensemble une si grande quantité de clochers qu'il en paroît dans cette Ville. Sous le Regne de l'Empereur Adolphe de Nassau les habitans allerent en armes au-devant de leur Archevêque jusqu'à Woringhen en Brabant, où ayant mis les clefs de la Ville entre eux & lui sur le champ de bataille pour être le prix de la victoire, ils la remporterent avec leurs clefs & leurs franchises; & ils ont toujours depuis célébré cette fête avec beaucoup de solemnité.

La Maison-de-Ville est un grand bâtiment gothique où l'on voit plusieurs sales remplies d'arcs, de fleches, d'arbalêtes, de carquois, de boucliers, & d'autres anciennes armes. Il y a six inscriptions autour de la platte-forme qui est au-devant de cet Hôtel. La premiere en mémoire de ce que César reçut les Ubiens au nombre des Alliés, & fit deux ponts de bois sur le Rhin. La seconde fait mention de la colonie qu'Auguste envoya dans ce pays. La troisiéme est sur ce qu'Agripa bâtit la Ville. La quatriéme est touchant le pont de pierre que Constantin y fit bâtir. La cinquiéme est à l'honneur de Justinien qui leur donna quelques loix ; & la sixiéme à l'honneur de l'Empereur Maximilien.

On compte jusqu'à deux cens soixante Églises à Cologne, & elles sont très-riches en Reliques, ce qui fait donner le nom de sainte à cette Ville. Dans la grande Église est un tombeau fort élevé dans lequel est enfermée une châsse enrichie par-devant de pierres précieuses, de perles & de rubis. On montre la châsse des trois Mages qui est enfermée dans un treillis de fer doré ; quoiqu'on assure qu'ils sont entiers, on n'en fait voir que les têtes. On lit en latin dans un tableau qu'Helene mere de Constantin le grand ayant fait apporter ces corps à Constantinople, Eustorge Évêque de Milan les fit porter à Milan, & qu'enfin ils furent transſportés à Cologne en 1164 par les ſoins de Renold qui en étoit Archevêque. C'eſt là une de ces traditions nationales qui ne ſe trouve accréditée que par la crédulité du Peuple.

Dans l'Égliſe de ſainte Urſule qui eſt une Collégiale de Chanoines & de Chanoineſſes, on voit pluſieurs tombeaux, & au tour du chœur une grande quantité d'oſſemens arrangés dans de hautes armoires : on prétend que ce ſont les oſſemens de ſainte Urſule & des onze mille Vierges ſes compagnes, qui ſelon la légende furent maſſacrées à Cologne par les Huns l'an 238. De tous côtés dans cette Chapelle il y a le long des murs une infinité de têtes, même d'enfans, dans des boëtes rondes coupées par la moitié couvertes de velours ou d'autres étoffes brodées d'or, d'argent & de ſoye.

Il y a auſſi à Cologne une Égliſe Collégiale de Chanoines appellée des Machabées : on y montre les corps des ſept freres & de leur mere. Sur le grand Autel & au bas de la nef on remarque un puits où l'on dit que fut jetté tout ce qu'on put amaſſer du ſang des compagnes de ſainte Urſule après leur martyre.

A l'entrée de l'Égliſe des douze Apôtres on voit un tableau où eſt repréſenté un événement aſſez extraordinaire, mais qui néanmoins peut être aiſément reçu pour véritable, à l'exception d'une circonſtance ajoûtée par une tradition populaire.

La femme d'un Conſul de Cologne ayant été enterrée l'an 1571 avec une bague de prix, le foſſoyeur ouvrit le tombeau la nuit pour dérober la bague; mais s'étant ſenti ſaiſi par la Dame que l'on croyoit morte, il s'enfuit de toutes ſes forces; la réſuſcitée ſortit de ſon cercueil & s'en alla frapper à la porte de ſa maiſon & appella un valet, mais celui-ci la traita comme un phantôme, & courut pourtant tout effrayé raconter la choſe à ſon maître; paſſe juſques là, voici l'apocriphe. Le maître incrédule dit qu'il croiroit plutôt que ſes chevaux ſeroient dans ſon grenier, & en même tems on entendit dans ce grenier un tintamare épouvantable; le valet y monta & y trouva ſix chevaux de carroſſe: cependant la défunte qui n'étoit pas morte grelotoit dans ſon drap en attendant qu'elle pût entrer ; il arriva enfin que la porte lui fut ouverte, on la réchauffa, & on la traita ſi bien qu'elle recommença à vivre. Pour preuve de ce prodige, on voit encore aujourd'hui dans ce grenier quelques chevaux de bois qui ſont revétus de la peau des autres ; & on montre dans l'Égliſe des douze Apôtres un grand rideau de toile que cette femme fila depuis ſon retour au monde où elle vécut encore ſept ans.

Bonn à huit lieues de Cologne eſt la réſidence ordinaire de l'Électeur. Elle eſt ſituée dans un endroit où il eſt aiſé d'arrêter tout ce qui deſcend du Rhin. Cette Ville eſt aſſez bien fortifiée ; en tems de guerre on y met une Garniſon compoſée des troupes de l'Empereur & de celles de l'Empire, ainſi qu'on en eſt convenu par les Traités de Riſwich & de Raſtadt. L'Électeur d'aujourd'hui a fait bâtir dans cette Ville un très-beau Palais, mais qui n'eſt pas entierement achevé.

RECUEIL

RECUEIL D'OBSERVATIONS.

LIVRE II.

Les Provinces-Unies & les Pays-Bas.

CHAPITRE PREMIER.

Quels ont été les premiers habitans de la Hollande; estime particuliere que les Romains faisoient de la valeur des anciens Bataves; leurs mœurs, leur caractere, leur nourriture, leur habillement, cérémonies qu'ils observoient dans leurs assemblées; leur passion pour la guerre, armes dont ils se servoient; mœurs, usages, coutumes des Belges & des anciens Frisons, Religion de ces différens Peuples, leur gouvernement, diverses révolutions arrivées dans leur pays; union des sept Provinces, elles sont reconnues comme un Etat libre & indépendant; forme de leur Gouvernement présent, défauts de ce Gouvernement; réflexions politiques sur le Stathouderat; du College des Etats Généraux, membres dont il est composé; maniere dont les résolutions s'y prennent; du Conseil d'Etat, de la Chambre des Comptes, des Etats de la Province, & des divers Colleges qui composent l'Amirauté; des forces & du commerce des Hollandois; examen de leurs intérêts par rapport aux autres Puissances de l'Europe.

A Hollande étoit autrefois presque entierement remplie de forêts, & c'est de là, selon toutes les apparences, que lui vient le nom qu'elle porte, car

Holtland signifie en Allemand pays de bois.

Le premier Peuple qui vint s'habituer dans ce pays fut une Colonie d'Allemands qui s'y établirent sous le nom de Bataves, environ cinq cens ans avant la naissance de Jesus-Christ. » Il ne faut » pas douter, dit Tacite, que les Bata- » ves ne surpassent tous les autres Alle- » mands en force & en valeur, & que » cette nation qui étoit autrefois appel- » lée Cattes, & qu'on dit être sortie de » son propre pays par une sédition, étant » venue peupler l'Isle du Rhin, & deve- » nue par ce moyen sujette de l'Empire » Romain, ne soit une des plus nobles » nations de toute la Germanie; aussi » sont-ils traités avec distinction, & leur » donne-t-on toujours des marques d'es- » time & de l'ancienne confédération » qu'on a eue avec eux. On ne les foule » point par les impôts; ils ne sont point » livrés en proye aux Maltotiers; exemts » de charges & de toutes sortes de con- » tributions, ils sont réservés comme on » réserve les armes pour la guerre & pour » les combats : c'est par eux que l'Em-

» pire Romain a porté ſon autorité au-
» delà du Rhin, & qu'il y a étendu les
» bornes de ſa puiſſance : c'eſt par la va-
» leur & la force de ces Peuples que les
» Romains ont dompté les Bretons.

Auſſi le Peuple Romain traitoit les Bataves d'amis, d'aſſociés & de freres, honneur qui n'étoit accordé à aucun Peuple qu'après une longue ſuite d'importans ſervices. La valeur & la fidélité des Bataves leur mériterent encore la gloire d'être deſtinés à former la garde des Empereurs.

Mais les Romains ayant commencé à n'avoir plus pour eux les égards qui leur étoient dûs, ils prirent les armes contre les Romains & les obligerent après une longue guerre de leur accorder des avantages & des privileges bien plus grands encore que n'étoient ceux qu'on avoit voulu leur ôter.

L'Empire étant tombé en décadence, le pays des Bataves fut ravagé par les Danois & par d'autres Peuples du Nord qui en demeurerent long-tems les maîtres ; mais ils reprirent enfin courage & attaquerent les uſurpateurs au tems que

Pepin tenoit les rênes de la Monarchie de France ; ils les défirent, les chasserent, & se remirent en possession d'une liberté qui leur avoit été trop long-tems ravie.

Environ cinq cens ans après la naissance de J. C. lorsque les Francs formerent un nouveau Royaume dans la Gaule, les Pays-Bas qui sont ordinairement compris sous le nombre de dix-sept Provinces, y furent annexés ; mais ensuite l'Allemagne ayant été séparée de la France, la plupart de ces Provinces y furent incorporées, & les autres demeurerent réunies au Royaume de France.

Les Gouverneurs de ces pays s'en rendirent avec le tems en quelque façon les maîtres sous les titres de Ducs & de Comtes, comme firent aussi d'autres Princes en France & en Allemagne, cependant ils avoient un très-grand soin de traiter leurs Peuples avec beaucoup de douceur en leur accordant pour leur sureté de très-grands privileges dont ils ont été toujours extrêmement jaloux.

Mais avant que de passer aux différentes révolutions arrivées dans ces Provinces, nous dirons quelque chose des mœurs & de la Religion des divers Peuples qui les ont anciennement habitées.

Les Bataves passoient, comme nous avons dit, pour être les Peuples les plus belliqueux des Gaules, ils étoient sur tout redoutables par leur cavalerie qui étoit accoutumée à passer à la nage les plus grandes rivieres. La guerre étoit l'unique passion de ces Peuples, & ils n'estimoient & ne recompensoient que ceux d'entr'eux qui se signaloient par le plus d'intrépidité & de courage. Pour s'endurcir le corps ils s'accoutumoient de bonne heure à supporter le froid, le chaud, la faim, la soif & toutes les autres incommodités de la vie.

Les Belges non moins redoutables que les Bataves par leurs forces & leur valeur, ne vouloient point souffrir que les marchands étrangers vinssent trafiquer dans leur pays, par la seule crainte qu'ils avoient de se procurer par leur commerce des douceurs & des commodités qui auroient pu servir à amollir leur courage. Presque toujours en guerre avec les Allemands qui habitoient au-delà du Rhin, ils négligeoient le ſoin de cultiver leurs terres ; auſſi ne vivoient-ils gueres que de rapine & de brigandage : leurs armes étoient une longue épée, un large bouclier & une lance ; ils ſe ſervoient auſſi d'arcs, de dards & de frondes ; le laitage & la chair ſalée étoit leur nourriture ordinaire, & ils prenoient aſſez ſouvent leurs repas étant aſſis ſur leur lit, étendus par terre. Ils portoient des hauts-de-chauſſes extrêmement larges, pleines d'un nombre infini de plis & des ſayes à manches qui leur deſcendoient juſqu'aux genoux. Lorſqu'ils tenoient leur aſſemblée, ils vouloient que l'on y gardât un profond ſilence, & que perſonne n'interrompit celui qui faiſoit la fonction d'Orateur ; que s'il arrivoit à quelqu'un de faire du bruit, un bourreau armé d'un couteau s'approchoit de lui en le menaçant, & s'il ne ſe taiſoit, il lui coupoit une ſi longue piéce de ſon habit que ce qui en reſtoit lui devenoit inutile ; & c'étoit là l'affront le plus ſanglant que l'on pût faire à un Belge.

Les anciens Friſons furent auſſi des Peuples très-belliqueux ; ils combattirent ſi vaillamment, que quoique attaqués par divers Peuples ils ſçurent conſerver leur liberté pendant l'eſpace de plus de ſix cens ans ; ils ne craignirent pas même ſous l'Empire de Tibere d'entrer en guerre avec les Romains, qui avoient voulu les charger de quelque nouvel impôt. Au reſte ils menoient une vie miſérable, habitant ſur des hauteurs ou ſur des levées qu'ils faiſoient pour ſe défendre des inondations, & là ils conſtruiſoient leurs petites cabannes ; les joncs de leurs marais leur ſervoient à faire des nattes, des cordes & des filets à pêcher, & ils tiroient de ces mêmes marais une eſpece de terre noire qu'ils faiſoient ſécher, & qui leur tenoit lieu de bois. Ils étoient francs & ſinceres, amis de l'honneur & de l'équité. Pour qu'ils ne fuſſent pas expoſés à rien perdre de leur ſimplicité, ils ne permettoient pas aux étrangers de ſéjourner dans leur pays, ils ſe piquoient cependant de bien traiter ceux que le hazard y amenoit, mais auſſi ils les congédioient bien vite.

Ils vivoient de lait, de beurre, de poiſſons

sons & de chair fumée dont ils avoient une grande abondance ; cette nourriture les rendoit forts & robustes, & ce qui augmentoit leurs forces, c'est qu'ils ne se marioient que bien tard. Contens de labourer leurs terres, ils ne prenoient les armes que lorsqu'on les attaquoit, & qu'on les mettoit dans la nécessité de se défendre.

Les hommes portoient des casaques à manches où il y avoit plusieurs gros plis depuis la ceinture, qui leur descendoient jusqu'aux genoux, & des chausses fort étroites ; ils avoient sur la tête un voile qui leur pendoit par derriere, ou des bonnets qui leur couvroient seulement le sommet de la tête, & qui s'avançoient en pointe sur le front : ceux qui étoient à leur aise portoient des habits chamarés d'or & d'argent, mais tous avoient de larges & riches ceintures où ils attachoient leurs épées. Les femmes avoient sur la tête un simple voile, & elles portoient une robe rouge sans plis qui leur descendoit jusqu'aux talons ; mais dans les jours de fêtes & de cérémonies leur robe étoit toute couverte de lames d'or ou d'argent doré ; elles portoient outre cela un baudrier fort pesant d'argent massif & des bracelets d'or avec une grande phiole du même métal qui leur pendoit sur la poitrine. Leur coëffure étoit enrichie de pierreries, & elles attachoient à leurs cheveux qui leur pendoient en boucles sur les épaules, des glands d'or ou d'argent.

Lorsque quelque Dame d'un rang distingué avoit perdu son mari, elle accompagnoit le corps à la sépulture, ayant les mêmes habits & les mêmes ornemens qu'elle portoit le jour de ses nôces, mais dessus cet habit elle portoit un long voile noir qui lui couvroit tout le corps: de retour au logis elle quittoit tous ces ornemens, & ne pouvoit les reprendre que lorsqu'elle se remarioit ; pour les femmes du commun elles n'avoient pas le privilege de porter un voile noir, mais elles se contentoient d'ôter l'or & l'argent de leurs habits pour aller aux convois de leurs maris.

Tous ces différens Peuples furent pendant bien des siécles plongés dans les ténébres les plus épaisses du Paganisme.

Les principales Idoles qu'ils adoroient étoient le Soleil & la Lune, Tuiſco, Woden, Thor ou Thurne, Friga, Scater ou Cordo & Ermenſeuil. Ils adoroient chaque jour de la ſemaine une de ces Idoles; le Soleil le dimanche, & il étoit repréſenté ſur un piédeſtal ayant le viſage entouré de rayons, tenant devant ſa poitrine une roue ardente pour marquer le cours qu'il faiſoit.

Le lundi étoit le jour deſtiné au culte de la Lune; elle étoit repréſentée ſous la figure d'une femme qui avoit des ſouliers pointus, une robe fort courte & un chaperon à l'oreille; elle tenoit la Lune dans ſes mains. C'étoit la principale Divinité des bateliers, des pêcheurs, & généralement de tous les marins.

L'Idole Tuiſco étoit adorée le mardi; c'eſt le plus ancien & le plus eſtimé de leurs Dieux; ſon habit étoit de peau, il avoit une longue barbe qui le rendoit vénérable, & pour marque de ſa ſouveraineté, il tenoit un ſceptre à la main droite.

Woden étoit adoré le mercredi; c'étoit un homme armé tenant de la main droite un ſabre & de la gauche un écuſſon. C'étoit leur Dieu de la guerre, comme Mars étoit celui des Romains.

L'Idole Thor ou Thurne étoit adorée le jeudi ; ce Dieu étoit adoré ſous la figure d'un vieillard vêtu d'une longue robe ; on le voyoit placé dans une grande ſale au pied d'un lit ; il avoit ſur la tête une couronne d'or entourée de douze étoiles, & à la main droite un ſceptre d'or. Ils croyoient que ce Dieu préſidoit aux vents, à la pluye, aux éclairs & au tonnerre.

L'Idole Friga étoit adorée le vendredi comme Dieu & Déeſſe hermaphrodite ; elle tenoit une épée à la main droite, & à la main gauche un arc. On l'appelloit auſſi la Déeſſe de la paix, de l'abondance & de l'amour.

Scater ou Crodo étoit adoré le ſamedi ; il étoit ſur un piédeſtal, ayant ſous ſes pieds une perche, à la main droite un ſceau rempli de fruits, & dans la gauche une roue élevée en l'air.

L'Idole Ermenſeuil étoit un homme armé ayant une couronne de fleurs audeſſus de la tête. Ils l'adoroient lorſqu'ils avoient remporté quelques grandes victoires.

Telles furent les Idoles de ces Peuples jusqu'au septiéme siécle qu'un saint Évêque nommé Willebrod, étant venu d'Angleterre avec huit compagnons les instruisit avec succès dans la Foi Chrétienne. Saint Wast Évêque d'Arras, & saint Éloy Évêque de Noyon leur avoient déjà annoncé l'Évangile, l'un au commencement & l'autre vers la fin du sixiéme siécle.

Tous ces Peuples furent gouvernés pendant long-tems par divers Princes particuliers ; mais enfin la plupart de ces Provinces tomberent dans la Maison de Bourgogne, d'où ensuite par le mariage de Maximilien I avec Marie fille unique de Charles le hardi Duc de Bourgogne, tué devant Nanci, elles sont venues à la Maison d'Autriche. Charles V petit fils de Maximilien les joignit toutes en un corps & les gouverna avec beaucoup de prudence & de bonheur ; mais sous le regne de Philippe II son fils, il y eut d'horribles désordres & de très-longues guerres qui donnerent occasion à l'éta bliſſement de la République de Hollande ; & il faut convenir que Philippe II contribua beaucoup à ces tumultes. Né & élevé parmi les Eſpagnols, il n'eſtimoit gueres qu'eux, & dans ſes mœurs & dans ſes manieres il avoit entierement pris la gravité de cette nation, ce qui ſervit beaucoup à lui aliener les cœurs des Flamands, ſur-tout depuis qu'il tint ſa Cour & qu'il fit continuellement ſa réſidence en Eſpagne, ſans daigner jamais venir aux Pays-Bas.

D'ailleurs Guillaume Prince d'Orange, homme ruſé & ambitieux contribua beaucoup à fomenter tous ces déſordres; car comme Philippe étoit réſolu de partir pour l'Eſpagne, & qu'il vouloit donner ordre aux affaires du Gouvernement, ce Prince faiſoit tous ſes efforts afin que Chriſtine Ducheſſe de Lorraine, dont il eſpéroit épouſer la fille, fut faite Gouvernante des Pays-Bas, ſe promettant d'avoir en ce cas tout le maniement des affaires ; mais Marguerite de Parme fille naturelle de Charle-Quint, ayant été établie Gouvernante, & Philippe n'ayant pas voulu conſentir à ce mariage, le Prince d'Orange en eut beaucoup de mécontentement, & n'oublia rien pour traverſer les deſſeins de Philippe.

Entre les mécontens ſe trouvoient auſſi les Comtes d'Egmont & de Horn avec quantité d'autres qui avoient un grand crédit parmi le Peuple, & qui étoient extrêmement jaloux de l'autorité des Eſpagnols : la plupart des Nobles aſpiroient auſſi au changement, en partie par la haine qu'ils avoient contre ces étrangers, & en partie par une humeur turbulente qui leur étoit naturelle.

D'un autre côté les Eccléſiaſtiques étoient très-mal ſatisfaits de Philippe, parce qu'il créoit de nouveaux Évêchés à l'entretien deſquels il vouloit employer les revenus des Abbayes ; par où il choquoit non-ſeulement ceux qui étoient en poſſeſſion de ces Bénéfices, mais auſſi les autres qui y prétendoient après leur mort, car les Abbés étoient élus par les Religieux des Abbayes, au lieu que les Évêchés étoient à la diſpoſition du Roi.

Mais toutes ces étincelles n'euſſent point été capables de cauſer un embrâſement ſi terrible, ſi la Religion ne s'y étoit jointe.

Ceux-qui avoient abandonné la Religion Romaine avoient le plus d'autorité dans les Pays-Bas. Une partie d'entre eux avoit reçu la Confession d'Ausbourg, une autre suivoit la doctrine des Réformés ; & enfin il y en avoit qui s'étoient laissés aller aux visions des Anabaptistes. L'Empereur Charles V avoit fait publier à ce sujet de severes ordonnances, & avoit même fait punir plusieurs de ces Sectaires ; tout cela n'avoit fait qu'aigrir les esprits, & n'avoit servi qu'à l'avancement de ces nouvelles Religions. Philippe son fils résolu de les exterminer, érigea un Tribunal Ecclésiastique à la maniere de l'Inquisition d'Espagne, dont le nom seul jetta par-tout la frayeur, & voilà ce qui hâta le plus la rebellion.

Trois cens des plus considérables Gentilshommes du pays s'adresserent à la Gouvernante pour lui faire leurs représentations. Henri de Brederode, descendu des anciens Comtes de Hollande, fut le porteur de leur Requête. Cette Princesse fut d'abord surprise de voir tant de Gentilshommes assemblés ;

mais Charles Comte de Barlemont son favori, pour la rassurer lui dit que *ce n'étoit qu'une troupe de gueux* : & comme leur Requête n'eut nul effet, le lendemain les Confédérés étant à table & parlant de donner un nom à leur Confédération, ils s'écrierent tous, vivent les gueux, & Brederode sur la fin du repas s'étant mis une besace au col, il prit une écuelle de bois pleine de vin, il but à la compagnie, & protesta qu'il étoit prêt de perdre ses biens & sa vie pour la défense de la liberté publique. A peine eut-il goûté du vin, qu'il donna l'écuelle & la besace au plus proche, & de main en main la santé & la protestation fit la ronde avec des acclamations réitérées de *vivent les gueux*.

Les Confédérés s'habillerent tous de bure grise & pendirent de petites écuelles de bois à leur ceinture, portant au col une médaille qu'ils firent frapper où l'on voyoit d'un côté la tête de Philippe second avec ces mots : *en tout fidelles au Roi*. Deux mains jointes tenant une besace faisoient le revers avec cette devise : *jusqu'à porter la besace*. Cependant Brederode pour faire voir que les gueux dont il étoit le Chef étoient des gueux illustres, fit faire une bouteille & une écuelle d'or qu'il porta très-longtems à sa ceinture.

Comme le Roi d'Espagne crut que ces troubles s'appaiseroient s'il ôtoit le Gouvernement des mains d'une femme, il le donna à Ferdinand de Tolede Duc d'Albe, qui à son arrivée dans les Pays-Bas y établit un Conseil de douze Juges qu'il nomma le Conseil des troubles, mais que les Flamands nommerent *le Conseil du sang*. Ce Conseil condamna dix-huit Seigneurs qualifiés qui furent exécutés le premier & le second de Juin de l'année 1568; & le cinquiéme du même mois on trancha la tête au Comte d'Egmont & au Comte de Horn. Pour le Prince d'Orange qui avoit prévû le danger qui le menaçoit, il s'étoit retiré en Allemagne, où résolu de faire la guerre à l'Espagne, il leva des troupes avec lesquelles il livra divers combats au Duc d'Albe.

Les cruautés de ce nouveau Gouverneur jointes aux contributions exorbitantes qu'il s'avisa de vouloir lever, irriterent tellement les esprits, que toutes les Villes de Hollande, à l'exception d'Amsterdam & de Schonhoven qui demeurerent encore quelque tems fidelles aux Espagnols, se révolterent, élurent le Prince d'Orange pour Gouverneur & lui prêterent serment de fidélité. Quantité de Religionaires se joignirent à ce Prince, & lui faciliterent les moyens d'assembler une Armée assez considérable, & de cette maniere la guerre civile s'alluma dans les Pays-Bas, & elle dura quatre-vingt deux ans, c'est-à-dire, jusqu'en mil six cens quarante-huit, que par le traité de paix qui fut signé à Munster, le Roi d'Espagne reconnut la République de Hollande pour un État libre & indépendant de sa Couronne.

Les sept Provinces qui forment cette République firent entr'elles à Utrecht le treize Janvier de l'année 1579 un Traité d'union dont voici les principaux Articles :

I. Que les sept Provinces s'unissent ensemble de même que si elles n'en faisoient qu'une, de telle sorte qu'elles ne peuvent être divisées ni par testament, ni par donation, ni par vente, ni par aucun autre contrat que ce puisse être.

II. Qu'on laisse à chaque Province & à chaque Ville en particulier tous les privileges & tous les droits, toutes les coutumes & tous les statuts dont elles jouissoient auparavant, & que lorsqu'il arrivera quelque différend entre quelqu'une de ces Provinces, les autres ne s'en mêleront point, à moins que ce ne soit pour les porter à un accord à l'amiable.

III. Qu'elles s'obligent de s'assister les unes les autres contre toutes sortes d'ennemis, soit que ce fût sous prétexte de quelque Majesté Royale, de rétablir la Religion Catholique, ou de quelque autre prétexte que ce soit.

IV. Que les Villes frontieres de l'union qui se trouveront en mauvais état seront fortifiées & rebâties aux dépens des Provinces dans lesquelles elles seront bâties; mais qu'on fortifiera les nouvelles Villes aux dépens de la Généralité.

V. Que de trois en trois mois on passeroit un bail à ferme de tous les impôts à lever dans les Provinces, à ceux qui en feroient la condition meilleure, & que pour ce qui étoit des droits qu'on payoit au Roi, ils feroient employés pour la défenfe publique.

VI. Qu'on ne feroit jamais de paix ou de guerre que du confentement de toutes les Provinces.

VII. Que les unes ni les autres ne prendroient aucune réfolution qu'à la pluralité des voix, & que ce feroient les Gouverneurs qui termineroient les différends qui arriveroient fur cela entre les Provinces.

VIII. Qu'on recevroit dans l'union tous les Princes, Seigneurs, Terres & Villes qui voudroient y entrer, du confentement pourtant des Provinces.

IX. Qu'à l'égard de la Religion ceux de Hollande & de Zélande en agiroient comme bon leur fembleroit; & que toutes les autres Provinces fe régleroient comme elles le jugeroient à propos, pourvû qu'un chacun eut une grande liberté dans fa Religion telle qu'elle fût.

X. Qu'en cas qu'il y eut quelque différend entre les Provinces, fi cela n'en regardoit qu'une en particulier, ce seroient les autres qui l'accommoderoient; que si la chose les regardoit toutes en général, les Gouverneurs y mettoient ordre; & que dans ces deux occasions on prononceroit la Sentence dans un mois au plus tard, & cela sans aucun appel.

A ces Articles on en ajoûta un autre en 1583, qui portoit qu'il n'y auroit que la Religion Prétendue Réformée qui eût un libre exercice dans toute l'étendue des sept Provinces.

Tels furent les commencemens de l'établissement de cette fameuse République, qui par les ressorts d'une sage politique a sçu s'élever à un degré de puissance qui auroit semblé ne pouvoir être l'ouvrage que de plusieurs siécles.

Ce n'est pas cependant que la forme du Gouvernement de cet État ne fasse naître quelque fois de grandes difficultés; car premierement les sept Provinces sont, pour ainsi dire, sept Républiques, qui par l'union dont nous venons de parler, se sont jointes en un corps. Chacune d'elles a continuellement des

Députés à la Haye qui ont ſoin des affaires qui regardent leur union en général, mais qui néanmoins lorſqu'il ſurvient quelque choſe d'importance, en informent leurs Provinces, & dreſſent leurs concluſions ſuivant ce qu'on y a réſolu. Ce ſont ces mêmes Députés qu'on nomme les États Généraux. Il ſemble même que chaque Province en ſon particulier ſoit un compoſé de piéces rapportées, puiſque les divers membres vivent enſemble comme des alliés ſans que le plus puiſſant ait aucune autorité ſur le plus foible ; c'eſt pour cette raiſon auſſi qu'il ſe traite pluſieurs affaires dans les aſſemblées Provinciales qui ne peuvent être décidées à la pluralité des voix, & où il faut néceſſairement que tous les membres conſentent par où l'on peut voir manifeſtement que les Villes & les Provinces de cette République ne peuvent jamais être ſi étroitement liées enſemble que celles qui ne dépendent que d'un ſeul Chef ou d'un ſeul Souverain, ſi ce n'eſt en tant que la raiſon de leurs intérêts communs les oblige à ſe tenir unies.

Outre cela les grandes Villes ſont remplies d'une nombreuſe populace naturellement méchante, & qui venant une fois à ſe ſoulever devient comme furieuſe, & s'emporte aux plus grands excès. On peut encore ajoûter la jalouſie qu'il y a entre la Province de Hollande & les ſix autres, parce qu'étant la plus puiſſante de toutes & devant porter la plupart des frais de l'État, elle voudroit avoir la prééminence, au lieu que les autres veulent conſerver en toutes manieres l'égalité de leur liberté. Toutes les autres Villes en particulier ſont fort jalouſes de la puiſſance d'Amſterdam à cauſe que cette Ville veut attirer à ſoi tout le commerce.

De ſçavoir ſi les Provinces-Unies ont beſoin d'être gouvernées par un Stathouder, c'eſt une queſtion ſur laquelle les ſentimens ſont partagés ; ce qui eſt vrai, c'eſt que les principaux Magiſtrats auſquels le Gouvernement ſouverain des grandes Villes appartient légitimement, n'éxercent leurs fonctions qu'en crainte & ſont obligés le plus ſouvent de condeſcendre aux volontés du Prince dont

les

les intérêts sont opposés à ceux de la République en ce point, que toutes les guerres par terre sont préjudiciables à la Hollande, au lieu que par là le Capitaine Général étant appuyé des Milices étrangeres a plus de crédit & plus d'autorité pendant la guerre, & ce fut là la principale raison qui engagea les États Généraux à faire le fameux Édit perpétuel par lequel *la charge de Sthadhouder ou Gouverneur d'une ou de plusieurs Provinces demeureroit éteinte sans pouvoir plus être à l'avenir conferée à qui que ce fût*. Pour rendre cette nouvelle constitution permanente & immuable, tous les Magistrats s'obligerent d'y souscrire & de prêter serment de l'observer & de la faire observer, ce qui n'a pas empêché que nous n'ayons vû de nos jours la charge de Stadhouder rétablie & même rendue héréditaire dans la descendance tant masculine que féminine du Prince d'Orange. Ceux qui sont pour le Stadhouderat alléguent que la Hollande ayant eu de tout tems des Seigneurs particuliers, dont la puissance étoit bornée. Il n'y a point d'inconvénient à ce qu'elle soit encore gouvernée de la même façon ; & même que cette espece de Gouvernement sert à l'ornement & à la splendeur de la République, que par là on peut dissiper les diverses factions & les soulevemens du peuple, & qu'enfin, de cette maniere, on peut obvier aux difficultés qui naissent de l'Aristocratie & du Gouvernement populaire ; comme sont la lenteur & les contestations où l'on est avant que de prendre une résolution. Le délai dans l'exécution, la découverte des secrets de l'État, & quantité d'autres choses semblables. Mais notre dessein n'est pas de porter aucun jugement sur une question si importante & si difficile à décider. Achevons de faire bien connoître, si nous le pouvons, la véritable forme du Gouvernement présent de cette République ; ce qui ne formera pas l'objet le moins interressant de nos Observations.

Le College des États Généraux représente la Majesté & la Souveraineté de toutes les Provinces, dont la République est composée. C'est à lui qu'appartient le droit de déclarer la guerre, ou de faire la paix, d'entrer en alliances, d'envoyer ou de recevoir des Ambassadeurs, de leur donner audience, & enfin de gouverner l'Etat en général.

Ce Collége est composé des Députés des sept Provinces confédérées. Dans les affaires extraordinaires, & qui sont de la derniere importance pour l'Etat, l'Assemblée ayant bien pesé toutes les raisons, envoye le résultat de ses délibérations aux Provinces particulieres, afin d'avoir leur approbation, & de donner, par ce moyen, force de Loi à ses résolutions. Il faut que les sept voix des Provinces s'accordent ensemble pour résoudre quand il s'agit d'affaires de grande importance; car s'il y a seulement une Province qui soit d'avis contraire, on ne conclut rien. En ce cas, on est convenu d'envoyer des Députés aux corps de la Province, qu'on nomme les principaux, afin de leur remontrer l'utilité de ce que les six autres Provinces jugent à propos de faire, & pour obtenir, s'il est possible, leur consentement, mais si cela ne réussit pas, on ne peut passer plus avant.

Ainsi les Députés, qui composent les Etats Généraux, ne sont pas absolument les Maîtres. Ils sont plutôt comme des Ambassadeurs assemblés pour tenir des conférences, & pour décider en de certains cas; mais qui, presque toujours, doivent avoir l'agrément & la ratification des Puissances pour lesquelles ils agissent; car les Etats Provinciaux font des Loix & des Édits, sans l'aveu des États Généraux; mais les Loix qui viennent de ceux-ci s'adressent à ceux-là. On tâche de les faire recevoir par voye de persuasion, en montrant qu'elles sont utiles au public, mais non par voye de commandement & d'autorité.

Chaque Province envoye à l'Assemblée des États Généraux, tel nombre de Députés qu'il lui plaît, ce qui est indifférent, parce qu'on ne décide rien dans cette assemblée par suffrages, mais par Province; ainsi les Députés d'une Province, en quelque nombre qu'ils soient ne forment qu'une voix. Le tems que doit durer leur commission, n'est pas non plus également réglé dans toutes les Provinces, les uns ne leur donnant que pour un an, ou trois, ou six, les autres pour plus long-temps, & quelquefois même pour toute la vie.

Les Gouverneurs ou Stathouders, le Capitaine Général, ni aucun Officier de guerre, n'ont jamais eu de séance dans l'Assemblée des États Généraux. Chaque Province préside une semaine par tout, & l'on défere cet honneur à celui des Députés qui précede les autres dans dans sa Province. Le Président propose toutes les matieres sur quoi on délibere, & le Greffier lit tous les Mémoires, & les Requêtes, ensuite dequoi le premier va aux opinions, & forme, dans les affaires ordinaires, la conclusion sur le champ.

Le Conseil d'État est composé des Sur-Intendans des fortifications, de la milice & des contributions qu'on leve dans le pays ennemi. Ils ont la disposition des Passeports, qu'ils font expédier, & celle du revenu de toutes les places, & du pays conquis, depuis l'union, par les armes communes, & qui dépendent des États Généraux. C'est le

Conſeil d'État qui dreſſe vers la fin de chaque année, un état de la dépenſe qu'il juge être néceſſaire, ſoit en paix, ſoit en guerre, pour l'année ſuivante, qu'il préſente aux Etats Généraux, qui en ſont enſuite la demande à chaque Province en particulier; laquelle, ſi elle y conſent, paye ſa portion. Ce même Conſeil d'État diſpoſe de toutes les ſommes qui regardent la dépenſe de la généralité ſur les réſolutions des États Généraux, & les Ordonnances de payement pour être expédiées, doivent être ſignées par trois Conſeillers de différentes Provinces, & par le Tréſorier Général, après quoi il les faut encore faire enregiſtrer à la Chambre des Comptes de la Généralité; avant que le Receveur Général les puiſſe payer.

Le Conſeil d'État eſt auſſi composé de Députés de toutes les Provinces. La Gueldre y envoye deux, la Hollande trois, la Zélande deux, Utrecht un, Friſes deux, Ovéryſſel & Groningue chacun un. L'on n'y opine pas par Province, mais par tête, & chaque Député préſide tour à tour une ſemaine.

La Chambre des Comptes de la Généralité a été érigée pour ſoulager le Conſeil d'État, en examinant & arrêtant les comptes des Receveurs Généraux ou ſubalternes, & pour enregiſtrer les Ordonnances du même Conſeil qui a la diſpoſition des finances; cette Chambre eſt compoſée de deux Députés de chaque Province.

Les Députés des Villes qu'on envoye aux États de Hollande, ſont choiſis des Magiſtrats & du Conſeil de chaque Ville. Il y a toujours parmi eux un Bourguemeſtre, & le Penſionnaire de la Ville aux dépens de laquelle ils ſont défrayés.

Les États de la Province s'aſſemblent d'ordinaire quatre fois l'année; ſçavoir, aux mois de Février ou de Mars, de Juin, de Septembre & de Novembre. Les trois premieres fois, ils ne ſont proprement provoqués que pour remplir les Charges vacantes, pour renouveller les Baux à ferme des Droits & Impôts qui ſe levent, & pour délibérer ſur les affaires qui regardent le bien de la Province en général, ou pour accommoder les différens particuliers qui peuvent être entre les Villes.

Mais au mois de Novembre, ils s'assemblent particulierement pour consentir à la continuation des Droits qu'on a accoûtumé de lever, ou à de nouveaux impôts s'il en est besoin pour l'année suivante.

Dans les occasions extraordinaires ils sont convoqués par un College, qui est proprement le Conseil d'État de la Province. Il est composé d'un Député de la part des Nobles, d'un de chacun des huit grandes Villes, & d'un des trois petites Villes de cette partie de Hollande, qu'on appelle Hollande méridionale. Ce College réside toujours à la Haye. C'est lui qui envoye aux États de la Province, les points sur lesquels il s'agit de délibérer, & c'est lui qui exécute les résolutions des mêmes États. Il y a en Northollande, un autre College de Conseillers-Députés qui réside à Hoorn.

Lorsque les Députés sont d'accord sur quelques points pour lesquels ils ne sont pas autorisés, on envoye aux principaux, c'est-à-dire, c'eſt-à-dire, aux Conſeils des Villes qui refuſent rarement leur conſentement.

Le Conſeiller Penſionnaire, qui eſt toujours un ſçavant Juriſconſulte, fort verſé dans les affaires d'État & de politique, aſſiſte aux délibérations particulieres du College des Nobles, & opine même le plus ſouvent pour eux. Il eſt le premier Miniſtre de l'État, & en cette qualité il ne prend rang qu'après tous les Députés de la Province. Il a ſa place dans tous les Colleges de la Province, & dans l'Aſſemblée des États, il fait la propoſition, va aux opinions & forme les concluſions. Il peut même ne pas conclure à la pluralité des voix dans les affaires d'importance, qu'il croit préjudiciable à l'État, & demander qu'elles ſoient examinées dans un autre tems. Il eſt un des Députés perpétuels des États de la Province à l'aſſemblée des États Généraux.

Lorſque les États de Hollande s'aſſemblent, le premier jour de l'aſſemblée, le grand Penſionnaire, aſſis tout ſeul à une table la tête découverte, en fait l'ouverture, en rapportant les points qui ont donné occasion à cette assemblée ; la Noblesse & les Villes donnent ensuite leurs voix, que le Ministre recueille & tire la conclusion à la pluralité des voix ; si l'affaire n'est qu'ordinaire quelquefois elle est renvoyée *ad referendum*, afin d'avoir plus de tems pour examiner ses conséquences. Mais s'il s'agit de quelque affaire d'une grande importance, comme de paix, ou de guerre, ou de levée de troupes, il faut que le College des Nobles & toutes les dix-huit Villes y consentent en particulier, & donnent leurs voix.

Le College ou la Chambre des Comptes de Hollande, a l'administration du revenu ordinaire de la Province, & la disposition absolue de l'ancien Domaine, sans en rendre compte aux États. Mais quelquefois en des besoins pressans, les États lui demandent un subside à proportion de ce qu'ils connoissent que la Recette a été forte, & qu'il en peut rester, après que les Officiers de la Chambre ont été raisonnablement récompensés de leurs peines.

Tous ces Colleges se tiennent à la

Haye, aussi-bien que la Cour Souveraine, qui connoît des différends des particuliers, comme de ceux des Communautés & des Villes. Cette Cour juge souverainement de toutes les Causes Criminelles & Civiles, au-dessus de laquelle on peut appeller à l'autre Cour, qui est le grand ou le haut Conseil, des Arrêts duquel on ne peut appeller ailleurs; il ne reste après cela que la révision, qui est comme une Requête civile, & que les États de la Province accordent quelquefois: en ce cas, ils font expédier des Lettres, & nomment les Pensionnaires de quelques Villes, qui, étant joints à d'autres Commissaires pris d'entre les Conseillers des deux Cours, jugent enfin en dernier ressort.

Le Conseil de l'Amirauté fait une autre partie considérable du Gouvernement. Ce Conseil est divisé en cinq Colleges, dont il y en a trois en Hollande; sçavoir, à Roterdam, à Amsterdam, à Hoorn & Enchuisen alternativement, le quatriéme est à Middelbourg en Zelande, & le cinquiéme à Harlingen en Frise. Chacun de ces Colleges est composé de plusieurs Députés, tirés en partie des Provinces où ils sont établis, & en partie des Provinces voisines. Le Stathouder ou Amiral Général, est le chef de tous ces Colleges. On y prend connoissance de tous les crimes commis sur la Mer; on y connoît de toutes les fraudes, ou négligences commises à l'égard du payement des droits d'entrée, ou de sortie, dont le revenu est affecté à l'Amirauté, & employé à son entretien. Lorsqu'en tems de guerre, ce fonds n'est pas suffisant pour fournir à toute la dépense qu'il faut faire, les Provinces y suppléent par un fonds extraordinaire, qu'elles font en conséquence des ordres du Conseil d'État qui prend une connoissance exacte des affaires de l'Amirauté avant que de rien ordonner. Mais comme en tems de paix le fonds ne peut pas être épuisé, le surplus est employé à bâtir des Navires de guerre, & à pourvoir les Arsenaux & les Magasins de toutes les choses nécessaires pour la construction & pour l'armement d'un plus grand nombre de Navires, afin de les trouver prêts au besoin, en tems de guerre.

Dès que les États Généraux ont déterminé le nombre & la qualité des Vaisseaux dont l'Armée navale doit être composée, & que le Conseil d'État en a fait expédier l'ordre pour l'Amirauté. Chaque College arme à proportion de ce qu'il est obligé. Celui d'Amsterdam fait toujours la troisiéme partie de tous les armemens, & chacun des autres College est chargé d'un sixiéme. L'Amiral n'a point d'autres avantages que ses appointemens, & sa part aux Vaisseaux qui sont déclarés de bonne prise. Chaque College nomme les Officiers Généraux & les Capitaines de son Escadre. Il ordonne le nombre des Matelots & des Soldats de chaque Navire. Ce Capitaine se charge du soin de pourvoir son Vaisseau des vivres nécessaires pour le tems du voyage, lequel lui est marqué par l'Amirauté, qui lui paye un certain prix par jour pour chaque homme.

Les Colleges de l'Amirauté envoyent deux fois l'an, ou quand l'occasion le demande, leurs Députés à la Haye pour conférer avec les États au ſujet des affaires maritimes.

Il n'eſt pas permis d'aller en courſe ſans la permiſſion de l'État ; & lorſqu'on l'accorde, les Capitaines ſont obligés de donner caution qu'il n'inſulteront point les Vaiſſeaux des habitans des Provinces Unies, ni ceux des ſujets des Puiſſances amies & alliées. Que ſi quelqu'un ſort ſans congé, il eſt traité comme un pyrate. On partage le butin que font ces Armateurs : la Communauté des États en a la cinquiéme partie, l'Amiral en a la dixiéme, & le reſte eſt pour les Marchands qui ont armé les Vaiſſeaux, & pour les Capitaines & les équipages qui les ont montés.

Comme le commerce fait la principale & preſque l'unique richeſſe de la Hollande, le Gouvernement n'oublie rien pour le faire fleurir. On a remarqué qu'il y a dans ce pays quantité de choſes qui ſervent à l'avancement du Commerce, leſquelles ne ſe trouvent pas toutes enſemble dans d'autres États. Les principales ſont la quantité de peuple qui s'y trouve, la ſituation & la ſûreté du pays, le peu d'intérêt qu'on y donne, ce qui est une marque évidente de la grande quantité d'argent qu'il y a, la sévere justice qu'on y exerce contre les voleurs, les brigands, & les banqueroutiers, la Banque d'Amsterdam, Les convois des Vaisseaux Marchands, les droits médiocres qu'on y paye. L'exactitude & la ponctualité des Négocians, à quoi on peut ajoûter que les Membres de la Régence sont, pour la plûpart interressés dans le Commerce, que les Hollandois, sont les plus puissans dans les Indes, & qu'il vient beaucoup plus de denrées du pays qu'il n'y en vient du dehors, à cause de l'épargne & de la diligence des habitans; car, en effet, on observe que bien qu'ils soient les maîtres des épiceries des Indes, ce sont pourtant eux qui en consument le moins, & que bien qu'ils tirent une grande partie des soyes qui viennent de Perse & d'autres lieux; cependant ils ne s'habillent eux-mêmes que de draps, jusques-là même qu'ils envoyent les plus fins dans les pays étrangers, & qu'ils en font venir de plus gros d'Angleterre pour leur usage. C'est ainsi qu'ils transportent ailleurs leur plus excellent beurre, & qu'ils en apportent d'autre moins bon, d'Irlande & du nord d'Angleterre, pour employer dans leur ménage. La plus grande de leurs consomptions consiste en vins de France & en eaux-de-vie ; quoique néanmoins dans leurs régals ils ne font pas de grands excès.

Les Hollandois attirent chez eux plus d'argent que n'en ont ensemble plusieurs grands États : celui qu'ils tirent de la Guinée, & surtout d'Espagne, par le moyen des Flottes qui viennent du Perrou, où ils ont toujours beaucoup de part, contribue aussi à en remplir leurs Provinces ; & les autres matieres précieuses qui leur viennent des Indes, leur fournissent des raretés & des trésors qui ne se trouvent point ailleurs.

La pêche du harang en quoi consiste un des principaux commerce des Provinces-Unies, passe avec justice pour être comme leur mine d'or. La seule Province de Hollande envoye à cette pêche plus de mille flibots, & on employe un nombre encore plus grand d'autres bâtimens, pour transporter le harang aux lieux où on le débite. On part tous les Étés au mois de Juin pour aller à cette pêche, qui se fait assez près des côtes d'Angleterre, & la coûtume est de jetter les filets la veille de Saint Jean. Les harangs de la derniere pêche sont les plus estimés, on les sale en des tonneaux, & on les transporte avec une promptitude extrême presque dans tous les endroits du monde. Il n'est permis d'en exposer en vente que dix jours après la Saint Jean.

Les Marchands font souvent des Colleges qu'ils appellent des compagnies, & ces Colleges équipent, à leurs frais, des Vaisseaux de guerre, & les envoyent par tout où ils croyent qu'ils y ait du profit à faire. Il y a une Compagnie de Moscovie, qui en fait venir entre autres choses des peaux & du seigle. Il y en a une d'Islande & de Groenlande, pour la pêche de la baleine.

La Compagnie des Grandes Indes a son principal siége à Amsterdam & à Batavia. Cette derniere Ville est la Capitale de toutes celles que les Hollandois possedent en ces pays-là ; où ils ont des Rois & des Royaumes tributaires, & quantité de Forteresses, pour assurer le Commerce & tenir les Indiens dans le devoir.

Elle a ses Directeurs en Hollande, qui sont comme les maîtres absolus de tout ce qui la regarde, & elle entretient dans les Indes un Général qui gouverne tout avec beaucoup d'autorité; mais il n'exerce cette grande charge que par commission. Il y a ordinairement sous sa disposition, jusqu'à cent soixante Vaisseaux de guerre, pour contenir tous ces peuples dans la crainte,& maintenir le trafic en vigueur.

Tous les Étés à-peu-près au mois d'Août, il arrive une Flotte de dix ou douze Vaisseaux, qui apportent plus de cent tonnes d'or. Toutes ces richesses, ces trésors, ces matieres précieuses des pays Orientaux, qui viennent en Hollande de tous les endroits du monde y abordent par deux principales entrées, l'embouchure de la Meuse en fait une où l'on trouve la Brille & Goerée : l'autre eſt aux Iſles du Texel & de Ulie, & c'eſt par celle ci qu'on paſſe pour ſe rendre à Amſterdam, & aux Villes de Nordhollande.

Tout ce que nous venons de dire, fait voir manifeſtement que les forces de cette République, conſiſtent dans les grandes Flottes qu'elle entretient pour la ſûreté du commerce, & pour le commerce même. Car il n'y a point de pays où il ſe trouve tant de bons Matelots pour monter un ſi grand nombre de Vaiſſeaux qu'on en voit en Hollande.

Mais ce qui paroîtra étonnant, c'eſt que quoique le commerce amene dans ce pays une prodigieuſe abondance de toutes les choſes néceſſaires à la vie; les denrées ne laiſſent pas cependant que d'y être très-cheres; ce qui vient de ce que toutes ces denrées ſont chargées de gros impôts ou acciſes, & ces acciſes ſe levent généralement ſur tout: par ce moyen, ce ſont les plus riches, & ceux qui font le plus de dépenſe, qui payent le plus; & on regarde ce qu'on achette comme valant le prix qu'on en donne; ſans faire preſque jamais reflexion que ces accises augmentent de plus de la moitié le prix de chaque denrée. On a supputé qu'une vache de neuf ans qu'on vend soixante livres, en a déja payé plus de soixante & dix, & qu'un plat de viande n'est point servi qu'il n'ait payé plus de vingt différentes accises.

On peut juger par ces exemples, que les Hollandois, qui ont combattu avec tant d'opiniâtreté pour le maintien de leur liberté, & en partie pour être exempts du joug des taxes qu'on vouloit leur imposer, en sont aujourd'hui beaucoup plus chargés qu'ils n'ont jamais été. Mais ce qui leur rend ces impôts supportables, c'est qu'ils se levent d'une maniere comme imperceptible; outre qu'il semble que ce soit eux-mêmes qui se chargent de ces pésans fardeaux, comme en effet ils ne les portent que par leur volonté & par le consentement qu'ils y prêtent; & ils sçavent que toutes ces sommes qu'ils payent sont employées pour le bien de l'État.

Pour ce qui regarde les intérêts de la Hollande, & ce qu'elle doit craindre, ou espérer de la part de ses voisins;

il semble que les Anglois sont les plus dangereux pour elle, puisque jusques ici il n'y a eu qu'eux dont les Flottes ayent été redoutables aux Hollandois. Cependant comme les Anglois sont naturellement ambitieux, & qu'ils aiment à se bien traiter, au lieu que les Hollandois n'ont point de plus forte passion que celle du gain, & qu'ils se contente des alimens les plus ordinaires sans faire des dépenses superflues; il est indubitable que ces derniers peuvent donner leurs marchandises à plus bas prix que les autres; & voilà ce qui contribuera toujours à rendre leur commerce plus florissant.

Au reste, il semble qu'il est de l'intérêt des Hollandois de ne pas imiter les Anglois. Mais aussi ils doivent avoir grand soin d'entretenir bien leurs Flottes, afin d'être toujours en état de tenir tête à l'Angleterre, en cas qu'elle voulût empiéter sur leur négoce, ou sur leur pêche.

Il est sûr que les Hollandois ne souffriroient pas volontiers que la France fît des conquêtes dans les Pays-Bas, & il convient mieux à sa tranquillité qu'il y ait entre deux un voisin commun, qui, en cas de mésintelligence, essuye, pour ainsi dire, le premier feu, & donne le tems aux alliés de rassembler leurs forces.

Le Roi de Prusse, par les acquisitions considérables qu'il a faites depuis plus d'un siécle, est devenu une puissance respectable pour la République, & qu'elle ne peut trop ménager. Les autres Princes d'Allemagne sont trop éloignés, ou trop foibles pour être redoutables aux Hollandois.

Il y a si long-tems que l'Espagne a renoncé à ses anciennes prétentions, que la Hollande n'a rien à craindre à cet égard. Cette Couronne n'ayant plus les Pays-Bas, ne pourroit se brouiller avec la République que pour des intérêts de navigation & de commerce: & ces mêmes intérêts demandent, au contraire, que les deux Nations conservent entre-elles une bonne harmonie.

Comme les Hollandois tirent leurs grains des côtes de la Mer Baltique, ils doivent avoir grand ſoin d'empêcher qu'un des deux Rois ne devienne aſſez puiſſant pour ſe rendre ſeul le maître de cette Mer, ce qui pourroit d'autant plus facilement arriver que le détroit du Sund eſt partagé entre la Suede & le Dannemarck.

Enfin il eſt de l'intérêt général de la Hollande de vivre en bonne amitié avec le reſte du monde, afin que par-là ſon commerce puiſſe s'étendre en tous lieux, puiſqu'elle ne peut ſubſiſter que par ſon commerce, & que ce n'eſt qu'à ſon commerce qu'elle doit ce haut point de puiſſance & de grandeur où elle eſt parvenue.

CHAPITRE II.

Mœurs, génie, caractere, inclinations; vices, vertus, coûtumes, usages des Hollandois, excès de leur propreté; grande liberté dont ils jouissent, leurs divertissemens; maniere dont la justice est administrée dans ce pays; des différentes Religions, dont l'exercice est permis ou toleré en Hollande.

LEs Hollandois sont naturellement patiens, fermes dans leurs résolutions, extrêmement prévoyans, & ne se laissent pas aisément tromper. Ils se piquent un peu moins du point d'honneur que les autres Nations, mais il n'y en a point qui soit plus avide du gain; il semble qu'ils succent avec le lait le désir des richesses & l'ardeur d'en acquérir. Ils ne plaignent pour cela ni tems, ni peines, ni fatigues, & s'exposent librement aux périls des plus longs & des plus dangereux voyages. Au reste ils sont robustes, de belle taille, d'un esprit

esprit doux, d'un ſens raſſis, & adroits à tout ce qu'ils entreprennent.

Ils ſçavent commander à leurs paſſions, ont en horreur les trahiſons, les juremens, & les blaſphêmes, & ne ſont nullement ſanguinaires. Cependant lorſque les payſans, les matelots, ou les gens du bas peuple ont des querelles, ils les terminent à coups de couteaux, & les pouſſent avec une extrême brutalité. Il n'eſt pas permis en Hollande de battre ou de frapper qui que ce ſoit, non pas même un domeſtique, quoique ces ſortes de gens y ſoient plus inſolens que partout ailleurs.

Les Hollandois paſſent pour être trop indulgens à leurs enfans; ce qui fait qu'ils négligent aſſez ſouvent le ſoin de leur éducation.

La fierté & l'arrogance ſont des défauts inconnus aux Hollandois ils veulent qu'on ſe familiariſe avec eux, & ne peuvent ſouffrir qu'on affecte des airs de grandeur avec ſes inférieurs. Les gens d'une condition relevée converſent familierement avec les autres, & ne craignent pas de boire librement avec ceux qui ſont beaucoup au-deſſous d'eux.

La ſimplicité, la modeſtie & la frugalité ſont des vertus dont la pratique eſt aſſez générale parmi eux. En effet, leurs vêtemens, leurs maiſons, leurs tables, leur train, n'avoient rien qui pût les diſtinguer des autres Bourgeois; mais pour en parler en général, cette grande modeſtie eſt préſentement moins en uſage; cependant on voit encore tous les jours, les premiers Magiſtrats & les principaux Officiers de l'État qui ſe font gloire de faire paroître dans leur façon de vivre qu'ils n'ont pas dégénéré de l'ancienne ſimplicité, & de la reſpectable modeſtie de leurs ancêtres.

Les Hollandois ont un penchant qui leur eſt commun avec tous les peuples du Nord; auſſi boit-on en Hollande en toute occaſion, aux mariages, à la naiſſance & même juſqu'aux enterremens. Ceux qui ont aſſiſté au convoi funébre, reconduiſent les parens du mort; & c'eſt la coûtume au moins parmi les Bourgeois de les faire copieuſement boire; les gens de qualité donnent une somme pour se délivrer de cet embarras, que ceux qui ont porté le mort vont dépenser au cabaret.

Ce n'est guere la coûtume parmi les Hollandois de s'inviter familierement à manger; mais chacun fait en de certaines occasions, un espece de festin que les gens du pays appellent *gast*. Celui qui veut régaler invite un certain nombre de ses amis & de ses parens pour un jour marqué. Les conviés se rendent exactement à l'heure du dîner, le maître du logis prend soin de les placer à proportion des égards qu'il a pour chacun d'eux, mais avec cette précaution que, quelque froid qu'il fasse, les femmes ne sont jamais placées près du feu, parce qu'on leur donne à chacun un chauffe-pied, & que cette place est destinée aux hommes. D'abord que chacun est placé & qu'on a fait une courte priere, le maître du logis vous assure par un petit compliment, que toute la compagnie est bien venue. C'est à celui qui fait les honneurs de la table de regler l'ordre des santés, & personne ne se dispense de boire à chacun des conviés en particulier à mesure qu'ils sont nommés. Ces premieres santés se boivent dans des verres ordinaires, celles de cérémonie se boivent dans de plus grands qu'on remplit même souvent selon l'importance de la santé.

Lorsque celui qui traite s'apperçoit qu'on ne mange plus, il se leve & chacun quitte la table sans qu'on ôte néanmoins la nape ni le fruit. On passe dans une autre sale où la Maîtresse du logis présente du thé à toute la compagnie qui passe le reste de l'après midi à jouer jusqu'à sept ou huit heures du soir. On recouvre alors la table de ce qui étoit resté de meilleur & de plus entier, & l'on boit jusques bien avant dans la nuit.

Les femmes & les filles de Hollande sont louées pour leur beauté ; on accuse les filles de n'être pas aussi vertueuses & aussi chastes avant leur mariage qu'après ; elles se piquent d'une propreté excessive dans leurs maisons & dans leurs meubles ; elles ont des chambres de parade où l'on n'entre pas sans avoir pris des mules de paille où l'on met les pieds avec les souliers ; ce seroit un crime d'oser cracher dans ces chambres ; on en savone le pavé, on l'écure avec du sable ; & comme cela se fait ordinairement le samedi, on ne tient point d'ordinaire ce soir là dans la plupart des maisons, on n'y mange que de petits pains chauds avec du beurre, afin que les servantes puissent donner le jour entier à cet ouvrage.

Les Villageoises ne cedent nullement aux Bourgeoises en propreté, elles frottent les serrures, les gonds, les anneaux de fer & tous leurs autres ustenciles & les rendent aussi luisans que l'acier le plus poli ; les étables même se ressentent de leur propreté.

Les meubles des principaux Bourgeois consistent en quelque vaisselle d'or & d'argent, en de belles porcelaines, en quelques tapisseries, en des tableaux la plupart rares & faits par les meilleurs maîtres.

Au reste il n'y a pas moins de propreté & d'ordre dans les Navires des Hollandois que dans leurs maisons : accoutumés dès leur enfance à ne rien salir, ou à laver à l'heure même ce qu'ils ont gâté, ils ne se dispensent jamais de ce travail, non pas même pendant la tempête.

La liberté qui est l'appanage particulier de tous les Hollandois, regarde encore plus les femmes que les hommes ; ce seroit un crime que de les battre, & si les voisins avoient connoissance que quelque mari eut entrepris de battre la sienne, ils le contraindroient à payer l'amende.

Une grande frugalité, beaucoup de regle & d'ordre dans la dépense, sont en général des qualités communes à tous les Hollandois : c'est une regle générale parmi eux que chacun doit moins dépenser qu'il n'a de revenu. Un homme qui se proposeroit d'égaler sa dépense à son revenu, perdroit son crédit, & seroit regardé sur le même pied qu'on regarde un prodigue dans un autre pays.

L'hyver est une saison de divertissement pour les Hollandois ; lorsque les canaux sont pris & que tous les lacs sont glacés, les hommes & les femmes se plaisent à glisser sur des patins, qui sont un petit morceau de bois uni, à peu près comme la navette d'un tisseran, hormis que l'endroit où le talon & la plante du pied doivent appuyer est un peu plus large; le reste est mince & recourbé au bout, afin que le fer qui est au-dessous fende mieux la neige s'il y en a, & qu'on puisse éviter avec plus de facilité les obstacles & les petites éminences qui se trouvent dans la glace. Ceux qui sont adroits dans cet exercice courent avec tant de vitesse, qu'à peine peut-on les suivre de l'œil, & ils vont ordinairement de Leide à Amsterdam en cinq quarts d'heure, c'est-à-dire, qu'ils ne font pas moins de six lieues.

Ils ont aussi des traîneaux dont les uns sont tirés par un cheval & les autres poussés à la main par un homme qui va sur des patins; celui qui est dans le traîneau conduit lui-même son cheval qui est couvert d'une riche peau ou de quelqu'autre caparaçon magnifique avec de belles aigrettes, d'où pendent des croissans ou des platines d'or & d'argent; on y a aussi de très-belles peaux ou de riches couvertures d'étoffes des Indes pour se garantir du froid. Les traîneaux mêmes qui ſont de différentes figures ; les uns faits en forme de coquilles & les autres d'une autre façon, ſont peints des plus vives & des plus fines couleurs, dorés ou vernis, & les chevaux avec de belles aigrettes, & des harnois tout garnis de clous dorés, ont encore divers autres ornemens.

Le jeu de la croſſe eſt auſſi en grande vogue dans le tems des glaces ; comme les gens preſque de tout âge s'y exercent, & que par conſéquent on y eſt accoutumé dès l'enfance, on s'y prend avec beaucoup d'adreſſe. Les boules de bois qu'on pouſſe ſont un peu moins groſſes que les bales d'un jeu de paume. Celui qui le premier frappe au but eſt le vainqueur, & celui qui eſt demeuré le dernier ſans y toucher en eſt quitte pour régaler la compagnie ; & c'eſt là une des louanges qu'on doit donner aux Hollandois, que dans tous leurs jeux ils ne hazardent jamais de grandes ſommes. Ils n'ont point d'autre vûe que de paſſer leur tems agréablement ſans que les plaiſirs qu'ils goûtent puiſſent être troublés par la crainte d'une groſſe perte.

Il n'y a peut-être point de pays au monde où l'on jouiſſe d'une plus grande liberté qu'en Hollande ; elle ne ſouffre point d'eſclaves, tous ceux qu'on y amene deviennent libres en y touchant la terre, & leurs maîtres perdent le droit qu'ils avoient ſur eux, juſques là que l'argent qu'ils ont donné en les achetant eſt perdu. La contrainte & les voyes de fait y ſont odieuſes. Les affronts ne s'y reparent point par la violence, c'eſt à la Juſtice ou à des Commiſſaires & à des Arbitres que la Juſtice nomme qu'il faut demander la réparation qu'on prétend.

Les Seigneurs n'ont point de droit particulier ſur les payſans ; quand ceux-ci ont payé ce qu'ils doivent, ils ſont auſſi libres & auſſi indépendans que leurs Seigneurs.

Les Magiſtrats ſont obligés de maintenir les Bourgeois dans leurs privileges & de les garantir de toutes ſortes d'oppreſſions ; ainſi chacun eſt Roi dans ſa maiſon, & c'eſt un crime que de faire violence à un Bourgeois dans la ſienne.

On voyage librement par terre & ſur l'eau de jour & de nuit, à pied & à cheval, ſeul & en compagnie ; de quelque maniere que ce ſoit, on n'a preſque aucune mauvaiſe rencontre à craindre.

Perſonne n'eſt recherché pour ſa Religion, ni forcé d'adhérer à quelque Secte ou de profeſſer la Religion dominante, ni même haï ou ſeulement regardé de travers par les vrais Hollandois pour avoir un ſentiment contraire au leur.

La liberté de parler de tout, même de ce qui regarde les Magiſtrats, eſt ſi grande qu'elle dégénere ſouvent en licence, & que ce qui pourroit être pris ailleurs pour un crime capital n'eſt châtié en Hollande que fort legerement & ſouvent ne l'eſt point du tout.

Chacun s'habille à ſa mode, & comme il y a beaucoup de gens qui n'aiment pas le changement, on voit une diverſité d'habillemens qui a quelque choſe de divertiſſant & d'agréable. Il ſe trouve encore de vieilles femmes en Northollande & en Friſe qui ont des fraiſes & des collets montés. Il y a quantité d'Anabaptiſtes qui ſont vétus comme on l'étoit il y a cent ans ; leurs femmes ne portent ni dentelles, ni étoffes éclatantes, mais en récompenſe elles ont & ſe piquent d'avoir les étoffes & les toiles les plus fines.

La Juſtice eſt adminiſtrée en Hollande par le Sénat & les Magiſtrats de chaque Ville ou par quelques-uns d'entre ceux qui ſont commis à cet effet. Chaque Sénat a le pouvoir de faire des loix quand la néceſſité le requiert, & d'impoſer des charges dans ſon diſtrict lorſqu'il le juge à propos. C'eſt parmi les Conſeillers ou Sénateurs qu'on choiſit les Bourguemaîtres, & le plus ſouvent les Échevins qui changent tous les ans & dont la charge eſt peu lucrative. Les Bourguemaîtres ſont établis pour maintenir les droits de la Ville auſſi bien que ceux du Peuple, ſelon le ferment qu'ils prêtent. Les Échevins préſident aux Jugemens criminels & à ceux qui portent des amendes pécuniaires. Les Baillifs ou *Sechouts* ſont accuſateurs & requerans, & leurs Subſtituts vont avec les Huiſſiers pour faire ſaiſir les malfaiteurs.

Les Juges rendent la Juſtice d'une maniere déſinterreſſée, & les affaires ſeroient bien-tôt expédiées ſans les renvois qui se font devant les Commissaires qu'on ordonne. Ces Commissaires ou Arbitres sont le plus souvent les Avocats des parties, qui par mille raisons d'intérêt, de prévention ou d'opiniâtreté n'ont garde de s'accorder, & le tiers qu'ils nomment est souvent trop circonspect pour désobliger l'un ou l'autre.

Outre les Officiers dont nous venons de parler, il y a encore un Trésorier qui manie les deniers publics, un ou deux Pensionaires qui étant comme des Sindics, doivent être parfaitement instruits des droits & des privileges de leur Ville.

Les Villages ont une double Jurisdiction; la haute est dépendante de la Province, & l'autre est celle des Seigneurs du lieu. La premiere s'exerce par les Baillifs & les Prudhommes qui ont ensemble le pouvoir de prononcer arrêt de mort, aussi bien que les Officiers des plus grandes Villes; mais la moyenne Jurisdiction s'exerce par les Échevins.

Le grand Veneur a l'Intendance sur les bois & sur la chasse. Le *Diskgrave* & les *Heemrades* sont le Président &

les Conseillers du Conseil établi pour l'entretien des digues ; on peut appeller de leur sentence à la Cour souveraine de Hollande.

En parlant de la liberté dont on jouit en Hollande, nous avons oublié de dire que cette liberté s'étend généralement à toutes sortes de Religion ; & en effet par l'union conclue l'an 1579 on laissa à la disposition de chaque Province d'en user au sujet de la Religion comme elle le jugeroit à propos, sous condition néanmoins que personne ne pourroit être inquietté ni recherché pour ce sujet, & que chaque particulier jouiroit de la liberté qui avoit été établie par la pacification de Gand ; mais l'an 1583 il fut résolu du commun consentement des Provinces-Unies que l'exercice de la seule Religion Protestante y seroit reconnu comme permis & établi de droit, & que les autres Religions ne seroient regardées que comme tolérées, & par ce moyen la Religion prétendue Réformée devint la dominante, & il n'y a que ceux qui professent cette Religion, qui est selon la profession de Foi des Églises de Genêve & du Palatinat, qui soient admis aux charges de l'État & de la Magistrature.

Outre les Catholiques & les Réformés, il y a en Hollande des Luthériens, des Brounistes, des Indépendans, des Arminiens, des Anabaptistes, des Sociniens, des Ariens, des Enthousiastes, des Quakers, des Barelistes, des Arméniens, des Moscovites, des Libertins, & d'autres enfin qu'on pourroit appeller des Chercheurs, parce qu'ils cherchent une Religion & qu'ils n'en professent aucune de celles qui sont établies. Il y a aussi beaucoûp de Juifs, & un petit nombre de Turcs & de Persans répandus dans les Villes maritimes.

Les Luthériens de Hollande différent de ceux qui sont en Allemagne, dans le Danemarck & dans la Suede en ce qu'ils n'admettent point la Confession auriculaire, qu'ils n'ont ni Images, ni Autels dans leurs Églises, que leurs Ministres n'ont point d'habits Sacerdotaux, qu'ils n'ont point l'Ordre de Prêtres, de Diacres & d'Évêques.

Les Arminiens qui ont pris leur nom

d'Arminius, leur premier Docteur qui étoit Professeur de l'Académie de Leyde, croyent que la doctrine de la Trinité des personnes dans une seule essence, n'est point nécessaire au salut, qu'il n'y a aucun précepte dans l'Écriture par lequel il nous soit ordonné d'adorer le saint Esprit; que J. C. n'est pas en tout égal au pere, que Dieu n'a élu personne de toute éternité, mais qu'il élit les fidelles dans le tems lorsqu'ils croyent actuellement.

Les Brounistes ont plusieurs grandes assemblées en Hollande; ils se sont séparés de l'Église Anglicane & de toutes les autres Églises Réformées, lesquelles ils croyent corrompues, non pour les dogmes de la Foi, mais pour la forme du Gouvernement. Ils condamnent également le Gouvernement Épiscopal & celui des Presbiteriens, comme aussi la bénédiction des mariages qui se fait dans les Églises par les Ministres, soutenans qu'étant un contrat politique, la confirmation en dépend du Magistrat Civil; ils ne veulent point qu'on baptise les enfans de ceux qui ne sont pas membres de l'Église, ou qui n'ont pas assez de soin des enfans qu'on a baptisés ; ils rejettent tous les formulaires de prieres, & disent même que l'Oraison que le Seigneur nous a enseignée ne doit pas être récitée comme une priere, mais qu'elle nous a été donnée pour être la regle & le modele sur lequel nous devons former toutes celles que nous présentons à Dieu.

Les Indépendans qui sont une branche des Brounistes croyent que chaque Église, ou comme ils l'appellent, chaque Congrégation particuliere a en elle-même radicalement & essentiellement tout ce qui est nécessaire pour sa conduite & pour son gouvernement, & toute la Jurisdiction & puissance Ecclésiastique, qu'elle n'est point sujette ni à une ni à plusieurs Églises, ni à leurs Synodes non plus qu'à aucun Évêque, & qu'il n'y a aucune Église ni aucune assemblée qui ait pouvoir sur quelqu'autre Église quelle qu'elle soit.

Les Anabaptistes, que l'on appelle Mennonites en Hollande, & qui ont pris leur nom de Menno né dans un Village de Frise l'an 1496, croyent qu'il n'y a que le nouveau Teſtament & non le vieux qui doive être la regle de notre Foi, qu'en parlant du Pere, du Fils & du Saint Eſprit il ne faut pas ſe ſervir des termes de Perſonnes ni de Trinité; que les premiers hommes n'ont pas été créés juſtes & ſaints, qu'il n'y a point de péché originel, que J. C. n'a point tiré ſa chair de la ſubſtance de ſa mere Marie, mais de l'eſſence du Pere, ou que la parole a été changée en homme, ou qu'il l'a apportée du Ciel, ou que l'on ne ſçait pas d'où il l'a priſe; que l'union de la nature Divine & de la nature humaine s'eſt faite en ſorte que la Divine s'eſt rendue viſible, ſujette aux ſouffrances & à la mort.

Qu'il n'eſt point permis aux Chrétiens de jurer, d'exercer aucune charge de Magiſtrature, ni de ſe ſervir du glaive, non pas même pour punir les méchans, ni de repouſſer la force par la force, ni de faire la guerre pour aucun ſujet que ce ſoit; qu'un homme en cette vie peut arriver à ce point de perfection d'avoir une pureté parfaite, & de n'avoir aucune ſouillure de péché; qu'il n'eſt point permis aux Miniſtres de la parole de Dieu de recevoir de leur Égliſe aucun ſalaire de leur travail, qu'il ne faut point baptiſer les petits enfans, que les ames des hommes après leur mort ſe repoſent dans un lieu inconnu juſqu'au jour du Jugement.

Les Sociniens nient la Divinité de J. C. l'exiſtence du Saint Eſprit, le péché originel, la ſatisfaction de J. C. la réſurrection des méchans, le rétabliſſement des mêmes corps que les fidelles ont eu pendant leur vie. Leurs aſſemblées publiques ſont défendues, mais ils ſe cachent ſous les noms d'Arminiens & d'Anabaptiſtes. Leur converſation paroît être ſans reproche; ils s'occupent entiérement à la parole de Dieu. Dans les aſſemblées qu'ils font pour leurs exercices de piété, tous ceux qui s'y trouvent ont la liberté de parler; un d'entr'eux commence un chapitre de l'Écriture, quand il en a lû quelques verſets où il y a un ſens complet, celui qui lit & ceux qui écoutent diſent chacun leur ſentiment touchant le ſens des paroles qu'on a lûes.

Les Ariens sont en très-grand nombre en Hollande, & ils y tiennent librement des assemblées publiques. Ils croyent que le Verbe, l'intelligence & la parole de Dieu a été créé avant toutes les créatures, que Dieu s'en est servi dans l'ancien Testament comme d'un interprete & d'un médiateur, lorsqu'il avoit quelque chose à annoncer aux Patriarches & aux Prophetes; que cette parole par un anéantissement volontaire a animé le corps de J. C. comme l'esprit de l'homme anime son corps, la parole n'ayant pris que la chair sans ame & sans esprit; ils croyent même que toutes les ames des autres hommes étoient des esprits subsistans avant leur corps, lesquelles ne prenoient le nom d'ames que lorsqu'elles animoient leurs corps.

Les Boreelistes qui ont pris leur nom de Boreel leur Chef, ont la plupart des opinions des Mennonistes, quoiqu'ils ne se trouvent point dans leurs assemblées. Ils menent une vie très-austere, employans une bonne partie de leurs biens à faire des aumônes, & s'acquittant d'ailleurs avec grand ſoin de tous les devoirs d'honnête homme. Ils ont en averſion toutes les Égliſes & l'uſage des Sacremens, des prieres publiques & de toutes les autres fonctions extérieures du ſervice de Dieu. Ils ſoutiennent que toutes les Égliſes qui ſont dans le monde, & qui y ont été après la mort des Apôtres & de leurs premiers ſucceſſeurs ont dégénéré de la pure doctrine qu'ils avoient prêchée au monde, & que l'on ne doit lire que la ſeule parole de Dieu ſans y ajoûter aucune explication des hommes.

Les Enthouſiaſtes, les Quakers ou les Trembleurs, qui diſent qu'ils ſont touchés d'une inſpiration divine, ſoutiennent que la ſainte Écriture doit être expliquée par les lumieres de cette divine inſpiration, ſans laquelle ce n'eſt qu'une lettre morte écrite aux enfans & non aux hommes parfaits & ſpirituels, & que ce n'eſt point la vraye, unique & parfaite parole de Dieu, ni la regle parfaite & néceſſaire de la Foi. Ils ſoutiennent que leur eſprit eſt la parole de Dieu véritable, intérieure & ſpirituelle, la regle & le Juge des Écritures, qu'il faut écouter & suivre cet esprit & non les paroles de l'écriture, que l'homme a en soi-même & dans son esprit un docteur infaillible, lequel, s'il l'écoute, lui apprendra tout ce qu'il faut qu'il croye & qu'il fasse pour son salut; que ceux qui écoutent cet esprit sont unis à Dieu & sont faits des Dieux; lorsqu'ils sont dans leurs assemblées ils demeurent assis long-tems sans parler & sans se remuer souvent durant une heure ou deux, & l'on n'entend rien sinon quelques gémissemens jusqu'à ce que quelqu'un d'entr'eux sentant l'agitation & le mouvement de l'esprit, se leve & dit les choses que l'esprit lui commande de dire; les femmes mêmes souvent ressentent ces mouvemens de l'esprit qui les font parler dans l'assemblée de leurs freres. Il arrive par fois qu'après avoir long-tems attendu inutilement la venue & l'inspiration de l'esprit, personne d'entr'eux n'en sentant les mouvemens, ils se retirent du lieu où ils étoient assemblés, sans qu'aucun d'entr'eux ait parlé.

Quant aux libertins, il semble qu'autant qu'il y en a ils ayent chacun leur ſentiment particulier; la plupart croyent qu'il y a un ſeul eſprit de Dieu qui eſt dans tous les vivans, qui eſt répandu par tout, qui eſt & vit dans toutes les créatures ; que la ſubſtance & l'immortalité de notre ame n'eſt autre choſe que cet eſprit ; que les ames meurent avec le corps, que le péché n'eſt rien, que ce n'eſt qu'une ſimple opinion qui s'évanouit auſſi-tôt, pourvû qu'on n'en tienne point de compte ; ils diſent enfin que les politiques ont inventé la Religion pour contenir les Peuples par la crainte d'une Divinité dans l'obéiſſance à leurs loix, pour avoir par ce moyen une République bien policée.

Il y a enfin en Hollande un grand nombre de perſonnes à qui l'on a donné le nom de Chercheurs. Ils conviennent qu'il y a une vraye Religion que J. C. nous a apportée du Ciel, & qu'il nous a révélée dans ſes Écritures ; mais ils ſoutiennent qu'aucune des Religions établies parmi les Chrétiens n'eſt point cette vraye Religion de J. C. que nous devons profeſſer. Ils trouvent quelque chose de repréhensible dans chacune de ces Religions, & les condamnent toutes en général; en un mot, ils n'ont point encore pris parti, & ne se sont point déterminés au choix d'aucune. Ils lisent & méditent les saintes Écritures avec beaucoup d'attention, ils prient Dieu avec un zele ardent afin qu'il les éclaire par sa lumiere dans la connoissance de la Religion qu'ils doivent embrasser, & pour le servir selon sa volonté.

Voilà quelles sont les différentes Sectes des Chrétiens qui se trouvent en Hollande, & qui ont presque toutes la liberté d'exercer la Religion qu'elles professent. L'on peut partager tous les habitans de ces Provinces en trois parties qui sont à peu près égales; l'une est des Catholiques, l'autre est des Réformés, & la troisiéme est de tous les autres Sectaires. Quant aux Catholiques, il est certain qu'une bonne partie des habitans des grandes Villes & la plus grande partie de ceux de la campagne & les paysans du plat pays sont Catholiques, & il y en a pour le moins assurément autant que de Réformés.

CHAPITRE III.

Des différentes Provinces qui composent la République des Etats Généraux ; de la Gueldre ; bornes, situation & étendue de cette Province ; description Historique, Géographique & Physique de ses principales Villes, de Gueldre, de Ruremonde, d'Arnhem, de Nimegue & de Zutphen ; du Comté de Hollande ; production de cette Province, ses bornes, son étendue, sa division ; description d'Amterdam, de Dort, de Harlem, de Leyde, de Delft, de Goudre, de Roterdam, de Goreum, de Brille, de la Haye, de Loosduyn, de Riswick, d'Alcmar, d'Enchuse & de Horne ; des Provinces de Zélande, d'Utrech, d'Ovrissel, de Frise & de Groeningue, diverses productions de ces différentes Provinces ; révolutions qui y sont arrivées ; leurs bornes, leur étendue ; description de leurs principales Villes d'Utrecht, de Middelbourg ;

Middelbourg, de Flessingue, de Deventer, de Lewarde & de Groeningue.

LEs Provinces comprises sous le nom de Provinces Unies, sont la Gueldre, la Hollande, la Zeelande, Utrecht, Ovérissel, Groeningue, & la Frise. Nous allons traiter séparément, dans ce Chapitre, de chacune de ces Provinces.

De la Gueldre.

La Gueldre fut anciennement la demeure des Menapiens. Elle est bornée au Septentrion par la Frise & le Golfe de la Mer Germanique, au Midi par la Meuse & le pays de Julliers, au Levant par une partie du Rhin & du Duché de Cleves, & au Couchant par la Hollande & le pays d'Utrecht. Certe Province renferme le Comté de Zutphen & vingt-deux Villes, dont Arnhem, Ruremonde & Nimegue sont les plus considérables. Ruremonde appartient encore à la Maison d'Autriche. La principale richesse de ce pays consiste en bois & en pâturages.

Gueldre, la Capitale de cette Province eſt ſituée dans un lieu marécageux ſur la petite riviere de Niers, dont les eaux rempliſſent les foſſés, elle a un Château, que ſa ſituation fait juger imprenable, & qui étoit autrefois la réſidence des Gouverneurs du pays. L'an 1627. les Eſpagnols voulant ôter aux Hollandois le commerce de l'Allemagne, s'efforcerent de détourner le cours du Rhin, & de le faire paſſer par la Ville de Gueldre; mais ils ne purent en venir à bout. Les Hollandois aſſiégerent envain cette Place en 1637, 1639 & 1640. ils y furent battus au premier ſiége. Les Alliés la prirent en 1703, & elle fut cédée au Roi de Pruſſe par la paix d'Utrecht.

Ruremonde tire ſon nom de la riviere de Roer qui lave ſes murs, & qui ſe jette dans la Meuſe devant cette Ville, & du mot *mondt*, qui ſignifie bouche en langue Flamande, comme ſi l'on diſoit embouchure de Roer. C'eſt une grande Ville bien peuplée, bien bâtie & bien fortifiée. Elle a été érigée en Évêché dans le dernier ſiecle. Elle a été prise & reprise plusieurs fois par les Espagnols & par les Hollandois, sur lesquels le Cardinal Infant la reprit le 5 Septembre de l'an 1636. avec la Ville de Venlo, pendant que le Prince d'Orange assiégeoit Breda. Elle a été cédée à la Maison d'Autriche en 1719.

Arnhem est située sur le Rhin à trois lieues de Nimegue. Elle est grande & assez forte. Otthon IV. Duc de Gueldre la fit fortifier. L'Empereur Charles V. y établit en 1543. le Conseil du Duché de Gueldre, & du Comté de Zutphen. Les États Généraux des Provinces Unies s'en emparerent en 1583. Les François la reprirent en 1672. comme presque toutes les autres Villes de la Gueldre Hollandoise qu'ils ne garderent pas long-tems.

Nimegue est la principale Ville de la basse Gueldre. Le Rhin l'arrose d'un de ses bras nommée le Vahal. Elle est située entre Ruremonde & Utrecht. C'est une place ancienne, riche. Elle suivit la destinée de toutes les autres Villes de la Gueldre qui se rendirent aux François en 1672. Cette Ville est célebre par le Congrès de Plénipotentiaires de presque toutes les puissances de l'Europe, qui y conclurent un Traité de paix en 1678. qu'on nomme la paix de Nimegue.

Zutphen, Capitale du Comté de ce nom, est une place naturellement forte ayant d'un côté la riviere de l'Issel, & de l'autre celle de Borstel, qui remplit ses fossés, & qui la traverse par le milieu. Vers la fin du seiziéme siécle, les États Généraux des Provinces Unies s'en étant emparés, elle fut reprise par les Espagnols sous la conduite du Duc de Parme, mais les États Généraux la reprirent peu de tems après. En 1672. les François s'en rendirent maîtres, & l'abandonnerent au bout de deux ans.

De la Hollande.

La Hollande est une presqu'Isle, bornée de la Mer Germanique au Nord & au Couchant, du Golfe de Zuyder-Zée, & de la Seigneurie d'Utrecht au Levant; de la Meuse & du Brabant au Midi. La terre y est si molle & si marécageuſe qu'on ne la ſçauroit labourer ; cela vient des eaux, dont elle eſt pénétrée, & la rend propre à en faire de la tourbe, qui eſt une eſpece de terre graſſe & bitumineuſe, dont le peuple ſe ſert pour ſe chauffer faute de bois, dont le pays eſt dépourvû. On ne voit dans la Hollande que de vaſtes prairies que la Mer inonde en Hyver, & ces eaux y demeureroient toujours, ſi les habitans du pays n'avoient trouvé l'invention de mettre ces prairies à ſec avec des moulins deſtinés à cet uſage.

La Hollande ſeroit continuellement expoſée aux inondations de la Mer ; ſi ces peuples n'avoient donné un frein à cet élément par de puiſſantes digues, à l'élévation & à l'entretien deſquelles ils travaillent preſque ſans relâche. Les principales de ces digues ſont celles d'Iſſel, de la Meuſe, de Sparendam, de Medemblic & de Saint Martin.

Cette Province eſt diviſée en ſeptentrionale & méridionale. La ſeptentrionale, qu'on appelle Northollande, s'étend depuis Amſterdam juſqu'à la Mer du Nord. La méridionale ou Zudhollande, s'étend depuis la Zelande, le Brabant, & le pays d'Utrecht jusqu'à la digue de Sparendam. Ces deux parties comprises ensemble ont environ soixante lieues de circuit, & sa longueur n'est que de vingt-quatre lieues sur une largeur de sept. Dans une si petite étendue elle renferme vingt-neuf Villes closes, & plusieurs autres qui jouissent des mêmes privileges, avec plus de quatre cens Villages. Six de ces Villes ont séance aux États de la Province. Les principales sont Dort, Harlem, Leyde, Amsterdam, Roterdam, Goude: les autres sont la Haye, Gorcom, Gravesande, Narden, la Brile, Horn, Alcmar, Enchuse & plusieurs autres.

La terre produit toutes sortes de fruits en Hollande; on y fait venir au printems des bœufs & des vaches maigres, de Dannemarck, de Jutland, de Holstein & d'ailleurs, on les met dans les pâturages, & trois semaines après, on les voit parfaitement refaits.

Le rivage de la Mer, depuis l'embouchure de la Meuse jusqu'au Texel, c'est-à-dire, dans une étendue de près de vingt-cinq lieues, eſt ſi uni & ſi ferme, qu'on y va à pied & à cheval, en caroſſe, en chaiſe ou en chariot, & ſi d'un côté on n'a la vûe que de ces montagnes de ſable, appellées les Dunes qui bordent le rivage, on voit de l'autre côté, la Mer ſouvent couverte de barques de pêcheurs, & l'on découvre dans l'éloignement les grands Vaiſſeaux qui navigent.

Les lacs, les rivieres, les canaux fourmillent de poiſſons, ſans compter que toute la côte fournit en abondance toutes ſortes de poiſſons de Mer. Il y a auſſi quantité d'oiſeaux paſſagers qui viennent du Nord, comme des oyes, des bécaſſes, des hérons, des perdrix, des vaneaux, & ſurtout des canards, dont le nombre eſt preſque incroyable. Paſſons à la deſcription des principales Villes de cette belle Province.

Amſterdam, ſa Capitale, a peu de Villes qui lui ſoient comparables en beauté, en richeſſes & en magnificence. Il ſemble que les quatre parties du monde ſe ſoient épuiſées pour l'enrichir & pour amener dans ſon Port tout ce qu'elles ont de plus rare & de plus précieux. Elle tire son nom du mot de *dam*, qui signifie digue, & de la petite riviere d'Amstel qui la traverse, & qui se jette en cet endroit dans Lye, qui forme devant cette Ville un Port capable de contenir plus de mille grands Navires, & qui entre à deux lieues de là dans le Golfe de Zuyder-Zée. En 1204. ce n'étoit qu'un petit Château nommé Amstel; Gilbert, qui en étoit le Seigneur, attira des habitans & en fit une retraite de pêcheurs, qui habitoient au commencement dans des cabannes couvertes de chaume. Cet endroit devint en peu de tems un Bourg considérable, auquel Florent VI. accorda quelques franchises l'an 1233. un autre Gilbert y ayant fait bâtir des Ponts, & des Tours, en fit une petite Ville, qui depuis s'accrut par les privileges que lui accorderent plusieurs Comtes de Hollande, qui l'unirent à leur Domaine, à cause que le Seigneur d'Amstel avoit trempé dans le massacre de Florent Comte de Hollande de la Maison de Baviere. En 1470. elle fut ceinte d'une

muraille

muraille de brique, pour la garantir des incursions des habitans d'Utrecht, qui avoient souvent des démêlés avec la Hollande. Les Habitans de cette Ville furent les derniers de toute la Hollande à recevoir le Calvinisme, & ils en chasserent souvent les Ministres, qui le leur prêchoient, jusqu'à ce que le Prince d'Orange, à qui ils se rendirent en 1587. les contraignit d'embrasser la Religon prétendue reformée.

Depuis ce tems, Amsterdam étant devenu l'asile & le rendez-vous général de presque toutes les Nations, & de toutes les sectes du monde, est parvenue à ce point de grandeur & d'opulence, qui la met au rang des principales Villes du monde.

Elle a environ neuf lieues de circuit, & est toute bâtie sur des pilotis ayant la figure d'un demi-cercle, & son Port celle d'un croissant: on y voit une si grande quantité de Vaisseaux, qu'on prendroit son Havre pour une forêt de mâts, ou pour une seconde Ville flotante.

Ses plus belles rues sont les canaux

Impérial, Royal, le Cingel, la rue de Harlem. Le canal Impérial se fait remarquer par ses maisons d'une structure magnifique, & d'une égale hauteur: on y voit trois écluses prodigieuses, & une infinité de Ponts de pierres de taille bâtis sur quantité de canaux qui coupent la Ville en plusieurs endroits; & qui rendent ses rues nettes & agréables. Le plus beau de tous est l'Ammarack formé des eaux de l'Amstel, qui reçoit le flux de la Mer, & il est bordé de deux grands Quais. Ce canal a divers ponts, entre lesquels celui qui est à l'embouchure de la Mer, nommé le Pont neuf, est des plus beaux, & des plus agréables, parce que l'on découvre de là tout ce qu'il y a de plus charmant dans la Ville; & ce qui se passe sur la Mer, & sur tout le Port, où la diversité des Navires, & le nombre infini des Matelots qui s'y trouvent, forme un spectacle qui enchante.

Les Places, les Temples & les édifices sont tous très-magnifiques. La Maison de Ville est remarquable, tant par sa grandeur que par son Architecture. L'on y entre par ſept différentes portes ; le frontiſpice eſt orné de trois ſtatues de bronze, qui repréſentent la Juſtice, la force & l'abondance ; & d'un fronton de marbre en forme de tableau, où eſt en relief une femme qui ſoutient les armes de la Ville, avec un Neptune, des Lions, des Licornes, & quelques figures de Héros. Il y a une Tour en forme de Dôme où eſt une fort belle horloge. Le dedans de ce ſuperbe édifice répond à la magnificence & à la beauté du dehors. La Bourſe où les Marchands s'aſſemble eſt auſſi ſuperbe, de même que la Maiſon des Indes. Ce ſont de grands & vaſtes magaſins, remplis de diverſes ſortes de Marchandiſes qui viennent des Indes. On y voit divers Arſenaux : celui des Vaiſſeaux de la Flotte des Indes, & celui des Vaiſſeaux de guerre ſont près l'un de l'autre. L'Égliſe de Saint Nicolas, qu'on appelle le vieux Temple, eſt remarquable par ſa grandeur. La Maiſon de correction, qui étoit autrefois un Monaſtere de Religieuſe de Sainte Claire, eſt pour les perſonnes dont la conduite eſt ſcandaleuſe ; quand ils continuent dans leurs vices, on les met dans une fosse qui se remplit d'eau; ils doivent travailler continuellement à l'en tirer par le moyen des pompes, autrement ils courent risque de se noyer. Il y a encore dans cette Ville diverses Maisons pour les orphelins, pour les malades, pour les filles débauchées & pour les insensés. Quoique cette superbe Ville, dont nous ne venons de donner qu'une bien légere idée, fournisse elle seule plus d'argent aux États que toutes les autres Villes de la Province, elle ne tient que le cinquiéme rang dans l'assemblée des États de Hollande, avec cette distinction qu'elle y a quatre Députés, au lieu que les autres Villes n'en ont que deux.

La Ville de Dort, qui a le premier rang dans l'assemblée des États, est située, comme une isle, entre les rivieres de Meuse, de Marue, du Rhin & de Linghe. Elle est fort riche & parfaitement bien bâtie. Les Comtes de Hollande y tenoient leur Cour. L'an 1421. elle fut détachée de terre ferme par un débordement qui noya plus de soixante-dix Villages ou Châteaux, & près de cent mille personnes. Son Église Collégiale fut fondée en 1363. par Albert de Baviere Comte de Hollande. Le Duc de Brabant l'assiégea inutilement en 1304. après avoir subjugué une bonne partie de la Hollande ; & c'est pour cette raison qu'on la nomme *Dort la pucelle*. Elle est à six lieues de Leyde & à trois de Roterdam. La pêche du saumon y est fort abondante. L'an 1620. depuis le 15 d'Avril jusqu'au dernier de Février de l'année suivante, on y vendit 8921 saumons; ce qui fit que les servantes qui entroient alors en service, mettoient dans leur marché, qu'on ne leur donneroit du saumon à manger que deux fois la semaine ; mais c'est-là une condition dont elles font aujourd'hui grace à leurs Maîtresses.

Harlem est une grande & belle Ville, située sur la riviere de Sparen à une lieue de la Mer, & à trois d'Amsterdam. Avant que les Hollandois secouassent le joug de l'Eglise Romaine, elle étoit ornée d'un Siége Épiscopal, suffragant de l'Archevêché d'Utrecht. Elle tient la seconde place entre les principales Villes de la Hollande. Ses habitans se signalerent dans les croisades, & l'on dit même qu'ils ouvrirent à Saint Louis Roi de France, le moyen d'entrer dans le Port de Damiette, par une machine qu'ils inventerent pour rompre la chaîne, qui fermoit l'entrée de ce Port. En mémoire d'un si glorieux exploit, cette Ville a pris pour ses armes une épée avec quatre étoiles & une croix en pointe. En 1572. les habitans de cette Ville se révolterent, & abolirent l'ancienne Religion après avoir pillé & prophané les lieux Saints; ce qui attira contre eux les armes du Roi sous la conduite de Frédéric de Tolede fils du Duc d'Albe; qui prit la Ville à discrétion après un siége de huit mois, & qui traita les habitans avec la derniere rigueur; car il en punit une partie par le fer & par la corde, & en fit noyer une autre. Les habitans voyant qu'on les alloit assiéger prirent des pigeons, & ils les porterent dans l'Armée Navale du Prince d'Orange, de sorte que quand ce Prince les vouloit avertir de quelque chose, il faisoit voler ces pigeons avec des lettres attachées sous leurs ailes ; les pigeons se souvenant de leurs colombiers retournoient à Harlem.

Laurent Coster, habitant de cette Ville, inventa l'Imprimerie l'an 1420, mais un Compagnon Imprimeur lui déroba tous ses caracteres & ses instrumens, les transporta à Mayence d'où cet Art s'est répandu dans toute l'Europe. Le principal commerce de cette Ville consiste en toiles les plus fines & les mieux blanchies de toute la Hollande.

Leyde, dont Ptolomée fait mention sous le nom de *Lugdunum Batavorum*, & Antonin, dans son Itineraire sous celui de *Caput Germanorum*, est après Amsterdam, la plus grande & la plus belle Ville de la Hollande. Son Université, une des plus célébres de l'Europe, fut établie en 1576. par Guillaume de Nassau Prince d'Orange. Toutes les Sciences & tous les beaux Arts y fleurissent. On y trouve une magnifique Bibliothéque, riche pour le grand nombre de rares & anciens manuscrits qu'elle renferme. On y voit encore un jardin de

Médecine & une ſalle d'Anatomie, qui paſſent pour des merveilles.

Cette Ville eſt ſituée ſur l'ancien lit du Rhin, qui paſſant au travers de la Ville, la diviſe en trente-une Iſles où l'on va par bateaux, outre dix-neuf autres Iſles où l'on peut aborder facilement par des ponts très-commodes. En 1419. Leyde fut aſſiégée & priſe par le Comte Albert de Baviere, contre qui elle avoit tenu le parti de l'Évêque d'Utrecht. On peut faire en une heure & demie le tour de cette Ville. L'eſplanade & les foſſés ſont bordés de hauts arbres, ayant d'un côté les remparts, & de l'autre des jardins ou des prairies.

Toutes les nuits depuis neuf heures du ſoir juſqu'à quatre heures du matin en Hyver, il y a àLeyde de même que dans toutes les autres Villes de Hollande, des hommes que l'on nomme *Clapermans*, qui vont par la Ville faiſant du bruit de tems en tems avec une eſpece de cliquet de bois, & crient les heures & les demi-heures. Ils ſont obligés de reconduire dans leurs maiſons ceux qui ſe trouvent yvres ou égarés; ils prennent garde aux feux, avertissent ceux qui n'ont pas bien fermé leurs portes, ou leurs fenêtres, & veillent à ce que personne ne soit volé : aussi n'est-il point d'heure de la nuit où l'on ne puisse marcher en toute sûreté dans les rues.

La Ville de Delst est située dans une plaine, à quatre lieues de Leyde, & à une de la Haye. Elle reconnoît pour son fondateur Godefroi le Bossu Duc de Lorraine, qui ayant conquis la Hollande sur le jeune Thiery, fils de Florent premier de ce nom, Comte de Hollande, fit bâtir cette Ville dans le onziéme siécle. Elle tient le troisiéme rang aux États de la Province. Sa bierre & ses draps l'ont fort enrichie. Son Arsenal est muni de toutes sortes d'armes & en assez grande quantité pour armer soixante à quatre-vingt mille hommes. On y voit deux belles Églises ornées d'une fort belle Tour; dans la vieille se voit le tombeau de l'Amiral Tromp, tout de marbre enrichi de mignatures, avec une belle inscription; dans la neuve est le superbe mausolée des Princes d'Orange.

Ce fut dans cette Ville que Guillaume de Nassau, Prince d'Orange, fondateur de la République de Hollande, fut tué d'un coup de pistolet l'an 1584. par un jeune homme de vingt-sept ans, nommé Baltasar Girard, natif de Ville-Franche dans le Comté de Bourgogne.

Goude est située à cinq lieues de Leyde, sur cette branche du Rhin qu'on nomme l'Issel, qui y reçoit la riviere de *Gou* qui donne le nom à la Ville. On y voit un fort beau Marché, & un Hôtel de Ville fort près de la grande Église, que l'on peut comparer aux plus belles de la Hollande; ses vitres artistement peintes, mérite la curiosité des Étrangers. La situation de cette Ville est non-seulement agréable, mais encore fort avantageuse à cause de ses Écluses: elle a aussi un Port très-commmode sur l'Issel.

Roterdam tire son nom d'un canal nommé Rotter, qui traverse la Ville, & de *Dam* qui signifie Quay. Elle est située sur la Meuse, & est, après Amsterdam, la plus riche & la plus florissante Ville de la Hollande, à cause de la commodité de son Havre, qui est si profond que les plus gros Vaisseaux Marchands viennent charger jusques dans la Ville, à la faveur des canaux. Il se fait plus d'embarquement à Roterdam qu'à Amsterdam, à cause qu'en levant ici l'ancre, on peut d'abord cingler en pleine Mer, au lieu qu'à Amsterdam on est obligé d'aller faire le tour des Isles du Texel. On voit par-tout dans cette Ville des maisons qui ressemblent à des Palais. L'Hôtel de Ville, les Églises & les Arsenaux, méritent en particulier une singuliere attention. Le célébre Erasme, le restaurateur de la langue Latine, naquit à Roterdam en 1467. & il finit ses jours l'an 1556. à Bale en Suisse où il est enterré. Le Magistrat de Roterdam, pour honorer la mémoire de cet illustre Citoyen, lui fit ériger une statue de bronze, que l'on voit encore aujourd'hui sur le grand Port de la Meuse proche de la Bourse, qu'on appelle depuis ce tems-là la Place d'Erasme.

La petite Ville de Gorcum, situé à 4 lieues au-dessus de Dort, est régulierement fortifiée. La riviere de Linghe la traverse, & se rend dans la Meuse. Elle est la huitiéme des dix-huit Villes qui députent aux États Généraux. On découvre du haut de son Clocher vingt-deux Villes murées, & un grand nombre de Bourgs & de Villages. Guillaume de Launoy y fit mourir en 1572. dix-neuf Prêtres & Religieux, qui souffrirent le martyre pour la foi Catholique, avec une constance incroyable.

Le Château de Lowestein où l'on envoye ordinairement les Criminels d'État est près de Gorcum. Hugo Grotius y ayant été envoyé en 1619. & sa femme ayant obtenu de lui faire porter autant de Livres qu'elle voudroit, elle en fit remplir un coffre, dans lequel Grotius se mit si bien, que ses propres gardes croyant remporter des Livres, le remporterent hors du Château. Il se sauva d'abord en Brabant, & de-là en France.

La Ville de Brille est situé à l'embouchure de la Meuse, avec un assez bon Port; elle est fort jolie & bien peuplée. Les Confédérés des Provinces Unies y jetterent les premiers fondemens de leur

République en 1572. ayant pris la Ville le jour de Pâques-Fleuri, & ayant renversé tout ce qui portoit les marques de l'Eglise Romaine; ils fortifierent la Place, & ils en firent le premier asile de la liberté.

La Haye, l'ancienne résidence des Comtes de Hollande d'où lui vient le nom *S'graven-hage*, ou la haye des Comtes, est le séjour ordinaire du Stathouder, des Ambassadeurs, & des Ministres des Princes étrangers. C'est-là que se tient l'assemblée des États Généraux des Provinces Unies, de même que celle des États de la Province de Hollande, du Conseil d'État, & de la Chambre des Comptes. Le Palais du Prince, qu'on nomme ordinairement la Cour, est fort vaste. Il fut bâti par Guillaume Comte de Hollande & Roi des Romains. Le Cours qu'on appelle Woorhof, est une des plus belles promenades que l'on puisse voir. Il est composé de trois belles allées de tilleuls à perte de vûe, & bordé d'un côté de très-beaux Palais.

La partie qui regarde Leyde, a un

fort beau & grand bois de chêne, où il y a une belle Maison de plaisance qui appartient au Stathouder.

A deux lieues de la Haye est le Village de *Loosduynen*, fameux par le monstrueux accouchement de la Comtesse Mathilde, qui l'an 1276. mit au monde 365 enfans; & on voit encore cette histoire peinte dans l'Eglise de ce lieu; comme aussi le bassin de cuivre dans lequel ces enfans furent baptisés.

Entre la Haye & Delft est le célébre Village de Ryswick fameux par la paix qui y fut conclu l'an 1647. entre les hauts Alliés & le Roi de France, dans une Maison du Roi d'Angleterre Guillaume III. nommée la Maison de Neubourg, parce qu'un Duc de Neubourg en mit la premiere pierre, lorsque le Prince d'Orange, Frédéric-Henri, la fit bâtir.

Alcmar est une des plus belles Villes de la Northollande, tant pour la structure de ses bâtimens, que pour la netteté de ses rues. Elle est située près du *Schermer*, qui est le plus grand lac de la Hollande Septentrionale, par où les bateaux doivent paſſer pour ſe rendre à l'Ye, & de là à Amſterdam. Florent V. fit faire une digue depuis Alcmar juſqu'aux extrémités de la Northollande, tant pour la ſûreté des Bourgeois que pour arrêter les courſes des Friſons.

La Ville d'Echuſe eſt comme une preſque Iſle, dont les deux tiers ſont environnés de la Mer. Son Port étoit autrefois commode. Albert de Baviere, Comte de Hollande, voulant paſſer dans la Friſe avec ſon armée l'an 1394. aſſembla dans le Port d'Echuſe juſqu'à trois mille bateaux; mais la Mer y a jetté une ſi grande quantité de ſable, que les grands Vaiſſeaux ont de la peine à en ſortir. Ce fut la premiere de toutes les Villes de la Northollande, qui ſecoua le joug de ſon Souverain, & qui prit le parti du Prince d'Orange.

Horne eſt le meilleur Port du Golfe de Zuyderzée. Cette Ville ſe glorifie d'avoir donné la naiſſance à Guillaume Schouten, ce fameux Pilote qui découvrit le détroit de la Mer au-delà de celui de Magellan l'an 1616.

Du Comté de Zelande.

La Zelande, une des ſept Provinces-Unies des États Généraux, conſiſte en quinze ou ſeize petites Iſles. Elle eſt bornée au Nord, par la Hollande, au Midi, par la Flandre, au Levant, par le Brabant, & au Couchant, par la Mer Germanique. Elle a huit Villes murées, dont les principales ſont Middelbourg & Fleſſingue. La pêche & le commerce ſont les principales occupations de ſes habitans.

Middelbourg, ſa Capitale, eſt ſituée au milieu de l'Iſle de Walcheren. Ce n'étoit au commencement qu'un Village que ſes Seigneurs aggrandirent, & qu'ils firent entourer de murailles en 1132. Cette Ville eſt très-grande, très-belle & très-marchande. La Maiſon de Ville étoit autrefois une célébre Abbaye de l'Ordre des Prémontrés, fondée en 1356. par Godebald, vingt-quatriéme Évêque d'Utrecht. Montdragon, Capitaine Eſpagnol, tenant cette Place pour le Roi d'Eſpagne, y ſoutint en en 1512. un siége de vingt-deux mois ; & il ne se rendit qu'après avoir souffert les dernieres extrémités.

La Ville de Flessingue est aussi située dans l'Isle de Walcheren. Son nom se tire du mot Flamand *Flesch*, qui signifie flacon ou bouteille, à cause de sa figure qui y a beaucoup de rapport : aussi a-t-elle une bouteille couronnée pour ses armes. C'est un bon Port de Mer, & la plus riche Ville de toute la Zelande, après Middelbourg, dont elle n'est éloignée que d'une lieue. Elle est regardée comme la clef de la Mer des Pays-Bas. La magnificence de son Hôtel de Ville n'a rien qui puisse lui être comparé. Les États des Provinces-Unies s'étant emparés de cette Ville, la donnerent pour otage à Élisabeth Reine d'Angleterre, afin d'obtenir d'elle du secours contre leur Souverain.

De la Province d'Utrecht.

Cette Province a pour limites à l'Orient & au Midi la Gueldre, au Nord, le golfe de Zuyderzée, & à l'Occident, la

Hollande. Les Évêques de la Ville d'Utrecht étoient autrefois les Seigneurs spirituels & temporels de cette Province ; & en cette qualité, ils ont eu de fréquentes guerres avec les Hollandois, jusqu'à ce que l'un de ses Évêques, nommé Henri de Baviere, que les habitans de la Ville avoient chassé, transporta le droit qu'il avoit sur la Seigneurie temporelle de ce pays à l'Empereur Charles V, & ce fut sous Philippe II. son fils, que la Province d'Utrecht, à l'exemple de la Hollande, secoua le joug de la Religion Catholique, & de la domination d'Espagne, & qu'elle devint un membre des États Généraux des Provinces-Unies. Ce pays, quoique de peu d'étendue, étoit si puissant, qu'il pouvoit fournir une Armée de quarante mille hommes, bien qu'il fût continuellement attaqué par les Frisons & par les Gueldrois, qui l'environnent de tous côtés, ils se défendit néantmoins vaillamment contre tous. Ses Villes sont Amersfort, Rhenen, Montfort, Iselstein ; mais qui n'ont rien de fort remarquable.

Utrecht sa Capitale, est située sur l'ancien canal du Rhin dans un lieu extrêmement commode & fertile. Elle a neuf bastions, deux demi-lunes & un ouvrage à corne : l'Empereur Charles-Quint y avoit fait bâtir un Château, & il y tint en 1546. le Chapitre de la toison d'Or dans l'Eglise Cathédrale de Saint Martin, dont Saint Awillebrod fut le premier Evêque vers la fin du septiéme siécle ; cet Evêché étoit alors suffragant de l'Archevêché de Cologne ; mais en 1557. il fut érigé en Archevêché, à qui l'on donna pour suffragans, les Evêchés de Harlem, de Middelbourg, de Deventer, de Lewarde & de Groeningue. Le 13 Février de l'année 1577. Les États Généraux assiégerent les Espagnols dans le Château ; & ils les obligerent de se rendre. Le Comte le Bossu, qui étoit dans les intérêts des Espagnols, le fit raser la même année.

Le Conseil Provincial où se rapportent toutes les affaires de la Province se tient en cette Ville, il est composé d'un Président, de neuf Conseillers, d'un Greffier. Utrecht a été la Patrie d'Adrien Florent, Précepteur de l'Empereur Charles-Quint, qui fut élevé au Souverain Pontificat, dans le seiziéme siécle, sous le nom d'Adrien VI. Elle se glorifie encore d'avoir donné la naissance à Anne-Marie Schurman, qui, par sa Science, a été la merveille de son siécle.

Le 13 Janvier de l'an 1579. les Protestans voyant qu'on vouloit les désunir, s'assemblerent en cette Ville, & ils y firent l'union d'Utrecht.

Les François se rendirent maîtres d'Utrecht en 1672. & le 13 de Novembre de l'an 1673. ils l'abandonnérent. Ce fut dans cette Ville que se tint le fameux Congrès qui pacifia toute l'Europe, dans les dernieres années du regne de Louis le Grand. Il commença en 1712. & il finit en 1713. Cette Ville tire son principal lustre de son Université établie en 1636.

De la Province d'Ovérissel.

Cette Province, située au-delà du fleuve d'Issel, où le Rhin communique une partie de ses eaux, par le moyen du canal de Drusus, a pour limites du côté du Septentrion, la Frise occidentale & une partie de la Seigneurie de Groeningue, au Midi, le Duché de Gueldre, à l'Orient, la Province de Westphalie, & à l'Occident, le Golfe de Zuyderzée, avec le fleuve d'Issel.

Ce pays est plat, marécageux & fertile en grains, & il renferme huit Villes; sçavoir, Deventer, Zwol, Campen, Couwarden, Oetmarssen & Oldenzeel. Il étoit autrefois des dépendances de l'Evêché d'Utrecht. Avant que Henri de Baviere, Evêque de ce lieu, en eut transporté la Seigneurie à l'Empereur Charles-Quint.

Deventer, la Capitale de cette Province, est une grande & belle Ville, fort marchande & fort riche. Elle est environnée d'une forte muraille, flanquée d'un grand nombre de tours, & fortifiée de large & profonds fossés toujours remplis des eaux du fleuve d'Issel. Guillaume Stanbey, qui la tenoit au nom des États avec une garnison Angloise, la livra par intelligence au Duc de Parme en 1584. Les États Généraux l'ayant reprise, l'ont toujours gardée jusqu'à ce que l'Evêque de Munster allié de la France, s'en rendit maître en 1672. mais elle fut rendue la même année. Le Pape Paul IV. y établit en 1559. un Siége Episcopal ; mais les Evêques n'y ont pas fait une longue résidence, les Protestans s'étant rendus maîtres de cette Ville en 1591.

De la Seigneurie de Frise.

Cette Province tire son nom du mot Allemand *fris*, qui signifie fort; les Frisons passoient en effet, pour des peuples extrêmement robustes & fort belliqueux. Du tems de la premiere Race des Rois de France, la Frise étoit gouvernée par des Rois, que Pepin le gros & Charles Martel son fils, rendirent tributaires à la France. Radbod Roi de Frise, étant sur le point d'être baptisé par Ulfran Archevêque de Sens, refusa le baptême, sur ce qu'ayant demandé à ce Prélat, ce qu'étoient devenus ses ancêtres ; il lui répondit qu'ils étoient dans les Enfers, puisqu'ils étoient morts dans le Paganiſme; à quoi Rabdob repliqua qu'il vouloit leur aller tenir compagnie. L'Evangile y fut annoncée par Saint Clément, & Saint Boniface Archevêque de Mayence. Charles Martel ayant vaincu Popon ſucceſſeur de Radbod, établit le Chriſtianiſme dans la Friſe. Elle ſuivit l'exemple des autres Provinces-Unies, & renonça tout-à-la-fois à l'ancienne Religion & à la fidélité qu'elle devoit à ſon Prince Philippe II.

Elle a pour limites au Nord de l'Océan Germanique, au Midi la Province d'Ovériſſel, à l'Orient la Seigneurie de Groningue, & à l'Occident le Golfe de Zuyderzée. Ses principales Villes ſont Lewarde, qui en eſt la Capitale, Dockom, Francker, Bolſwaert, Seneeck, Ilſt, Harlingen.

Ce pays abonde en excellent pâturages, ce qui fait que les chevaux y ſont plus forts & plus gros qu'ailleurs. Elle eſt ſi fertile en bled, qu'elle en fournit une grande quantité aux Provinces voiſines, quoiqu'elle n'ait pas une grande étendue de terre labourables; mais le terroir y eſt ſi bon qu'il rend le plus ſouvent cent pour un & au-delà ; chaque grain y poussant deux ou trois épis, qui ont du moins quarante ou cinquante grains chacun, & les bleds sont si épais, que les chevaux ont de la peine à y passer.

Les vaches y font ordinairement deux veaux d'une ventrée, & les brebis trois agneaux ; les moutons y sont fort gros, & leur laine est longue, & extrêmement douce. On n'y voit seulement quelques cerfs, dains & chevrueils. Les rivieres & les étangs sont couverts de cignes, d'oies & de canards sauvages. Mais il y a une infinité de souris qui coupent les bleds, & des vers de la grosseur d'un ver à soye, qui prennent des aîles quelque tems après être sortis de terre, & qui mangent aussi les grains & l'herbe.

Lewarde, la Capitale de toute la Frise, est une grande & riche Ville, fortifiée de bons remparts avec un bon Château. Ses édifices publics, tant sacrés que prophanes, sont très-beaux. Elle n'étoit qu'un Bourg, que l'on commença d'entourer d'une muraille l'an 1190. dont

dont l'enceinte étoit fort petite; mais elle s'eſt tellement aggrandie, qu'elle a aujourd'hui plus de trois milles de circuit. Elle étoit du nombre des Évêchés que le Pape Paul IV. créa en 1559.

De la Seigneurie de Groeningue.

Cette Province eſt un petit pays bien peuplé, qui renferme pluſieurs bons Villages, & qui nourrit une grande quantité be beſtiaux. Il y a beaucoup de Nobleſſe. Ce pays eſt entrecoupé de quantité de canaux, qui le rendent très-fertile en pâturages. Cette Seigneurie a autrefois appartenu aux Évêques d'Utrecht, puis aux Ducs de Gueldre, & enſuite à l'Empereur Charles-Quint par qui elle eſt entrée dans la Maiſon d'Autriche; juſqu'à ce que, ſuivant l'exemple des autres Provinces-Unies, elle a été incorporée à la République des États Généraux.

Cette Province a pour bornes à l'Occident & au Midi, la Friſe occidentale, au Nord, la Mer Germanique, & la Friſe orientale au levant.

Groeningue, sa Capitale, Ville très-ancienne, est grande & bien peuplée, & elle est ornée d'un grand nombre de beaux édifices publics. Sa figure est ronde, & elle est environnée de bons remparts de terre fort élevés, avec de bons bastions, & de profonds fossés pleins d'eau. Elle a six portes où abboutissent six belles grandes rues, douze magnifiques Eglises, dont trois étoient Paroissiales. La principale est celle de Saint Martin. Les deux autres Paroisses portent les noms d'Estwalburg & de Notre-Dame.

Les Navires abordent avec facilité à Groeningue, & demeurent commodément dans son Port; elle est entrecoupée de deux rivieres, l'Hunnes & l'Aa, qui de là vient se jetter dans la Mer du Nord. Elle a environ quatre mille de circuit. Elle est à six lieues de Lewarde. L'Evêque de Munster l'ayant assiégée en 1672. avec beaucoup de vigueur, fut contraint d'en lever le siége. Elle étoit autrefois comprise dans le Diocèse de Munster. Elle fut ornée d'un Siége Episcopal en 1559. par le Pape Paul IV.

L'Accadémie ou Université de cette Ville fut établie l'an 1614 le 23 Août, jour auquel le Recteur est installé.

CHAPITRE IV.

Des Pays-Bas Autrichiens; situation, bornes & étendue du Duché de Brabant; qualité du pays, ses productions, révolutions arrivées dans cette Province; description de Bruxelles, de Louvain, d'Anvers, de Boisleduc, de Breda, de Berg-op-Zoom, de Mastricht & de Grave; bornes & étendue du Duché de Limbourg, de la Seigneurie de Malines, & du Comté de Flandre; description Historique, Géographique & Physique de ces Provinces & de leurs principales Villes, de Limbourg, de Malines, de Gand, du Sas de Gand, de Bruges, d'Ypres, de l'Ecluse, d'Ostende, de Nieuport, de Courtrai, de Menin, d'Oudenarde, de Furnes, de Tournai, d'Alostet, des Comtés de Hainaut & de Namur, du Du-

ché de Luxembourg & du pays de Liege ; observations Géographiques & Historiques sur les principales Villes renfermées dans ces Provinces.

LEs Pays-Bas sont ordinairement compris sous le nombre de dix-sept Provinces, sçavoir, les quatre Duchés de Brabant, de Limbourg, de Luxembourg & de Gueldres ; les sept Comtés de Flandres, d'Artois, de Hainaut, de Hollande, de Zélande, de Namur & de Zutphen ; & enfin les cinq Seigneuries de Frise, de Malines, d'Utrecht, d'Over-Issel & de Groeningue.

Du Duché de Brabant.

Anchise ou Anchisise pere de Pepin de Heristel, fut Seigneur de Brabant, Charlemagne & ses enfans furent maîtres de ce pays jusqu'à ce qu'Othon fils de Charles de France Duc de la basse Lorraine, étant mort en 1004 sans avoir été marié, le Brabant devint le partage de Gerberge seconde fille du même Charles de France & de sa premiere femme Bonne d'Ardenne mariée à Lambert II Comte de Mons & de Louvain, qui fut la tige des Ducs de Brabant & de Lothier.

Ce Duché après avoir été possédé par un grand nombre de différentes Maisons, passa à celle d'Autriche par le mariage de Marie de Bourgogne avec Maximilien, & Philippe leur fils fut reconnu Duc de Brabant après la mort de sa mere. Ses héritiers mâles en jouirent jusqu'à Charles II Roi d'Espagne qui mourant sans enfans l'an 1700, institua son héritier Philippe de France Duc d'Anjou, qui lui succéda dans ses États ; mais en exécution des Traités de paix conclus à Utrecht, à Rastadt & à Bade, ce Duché fut remis à la Maison d'Autriche.

Cette Province est comme une Isle entourée de rivieres ayant la Meuse à l'Orient & au Septentrion, le Demer au Midi, qui en traverse une partie, & l'Escaut au Couchant avec l'Océan du côté de Breda & de Berg-op-Zoom. Elle a une partie du pays de Gueldres & de l'Évêché de Liége au Levant, la Flandre & une partie de la Zélande au

Couchant, le Hainaut & le Comté de Namur au Midi, & au Septentrion la Hollande, & une autre partie du Duché de Gueldres. Cette Province est par-tout très-fertile, & elle a environ vingt lieues de largeur, vingt-deux de longueur & à peu près quatre-vingt de circuit. Le Marquisat du saint Empire où est Anvers, la Seigneurie de Malines, le Duché de Limbourg sont compris dans le Brabant où l'on trouve encore le Duché d'Arschot, le Marquisat de Bergue, le Comté d'Hoogstrate, l'État de Mastricht & dix-neuf Baronies; les Hollandois ont dans le Brabant Berg-op-Zoom, Breda, Grave, Boisleduc, Willemstadt & Lillo.

Bruxelles, Capitale de ce Duché, est de figure ovale, grande, bien peuplée, fermée de murailles & de fossés, & située en partie dans la plaine & en partie sur le penchant d'une colline. La basse Ville est toute découpée de grands canaux que la petite riviere de Senne remplit & qui se communiquent à celle de l'Escaut. De fort grosses barques peuvent entrer dans ces canaux, ce qui ne contribue pas peu à rendre florissant le commerce de cette Ville. Le Palais qu'on nomme ordinairement la Cour & où loge le Gouverneur, n'a ni symétrie ni magnificence, mais la vûe de ses principaux appartemens sur le parc lui donne beaucoup d'agrémens. Ce parc est tout planté de chênes, de hêtres & de noyers & est rempli d'une grande quantité de daims.

Il n'est pas moins commun de rencontrer à Bruxelles des chariots tirés par des chiens que par des chevaux; c'est une des singularités de cette Ville, ils enharnachent trois ou quatre mâtins de front & leur font traîner des charges surprenantes. Une autre singularité de cette Ville c'est une fête assez plaisante qui se célébre entre les Bourgeois le dix-neuvieme de Janvier. Les femmes deshabillent ce jour-là leurs maris & les portent au lit, & le lendemain les maris font un régal à leurs femmes & à leurs amis. On dit que la Ville de Bruxelles étant réduite à l'extrémité après avoir souffert un long siége, elle se rendit avec cette capitulation que les assiégeans en deviendroient les maîtres moyennant que les femmes en sortissent avec les petits enfans & avec ce qu'elles pourroient emporter, & qu'au lieu de plier leurs toilettes, comme on supposoit qu'elles le feroient, elles se chargerent de leurs maris & tromperent ainsi l'ennemi.

On voit sur une des portes de cette Ville un monument assez singulier ; ce sont plusieurs statues d'hommes armés de broches. On rapporte que ces statues ont été ainsi placées en mémoire de ce que les Cantons s'étant révoltés sous le Gouvernement de la Reine Douairiere de Hongrie sœur de Charles-Quint, & ces rebelles étant venus pour surprendre & piller Bruxelles, la populace de cette Ville armée seulement de fourches & de broches, repoussa vigoureusement l'ennemi, & l'obligea de se retirer.

Les édifices les plus remarquables de Bruxelles, sont l'Église des Jésuites & celle de Sainte Gudule fille d'un Duc de Brabant. C'est dans cette derniere Église que l'on conserve les trois Hosties miraculeuses qui ayant été percées à coups de couteaux par des Juifs, jetterent beaucoup de ſang à la vûe de ces impies.

Louvain l'ancienne Capitale du Brabant, & que l'on dit avoir été fondée par un certain Lupus qui vivoit longtems avant Jules Céſar, eſt célébre par ſon Univerſité établie en 1426 par Jean IV Duc de Brabant ; l'on compte dans cette Univerſité plus de vingt Colleges où l'on enſeigne toutes ſortes de ſciences.

Cette Ville eſt ſituée ſur la riviere de Dyle à quatre lieues de Bruxelles & autant de Malines ; elle a près de quatre mille de circuit. Il y a huit portes, neuf grandes places, ſeize ponts de pierre, quatorze fontaines publiques & cinquante-trois tours dans l'enceinte de ſes murailles. Les bâtimens publics de cette Ville ſont ſomptueux, & ſes Égliſes fort belles ; la principale eſt la Collégiale de Saint Pierre avec un grand nombre de Monaſteres. On voit de beaux tombeaux dans celle des Céleſtins qui eſt un cloître, ſitué dans le Village de Hever à un quart de lieue de Louvain.

Anvers, une des plus riches & des plus belles Villes du monde, eſt ſituée dans une grande plaine à la droite de l'Eſcaut, dans l'endroit où cette riviere diviſe le Duché de Brabant du Comté de Flandres. L'origine de cette Ville eſt fabuleuſe comme celle de la plupart des grandes Villes. On prétend qu'avant la venue de Céſar dans les Gaules un certain Géant nommé Antigone ſe tenoit dans un Château ſur l'Eſcaut, d'où il obligeoit tous ceux qui paſſoient de lui donner la moitié de ce qu'ils portoient, & lorſqu'ils le refuſoient, il leur coupoit la main droite & la jettoit dans la riviere; & comme dans la langue du pays *handi* ſignifie main & *werpen* jetter, on ajoûte que le nom d'*antiwerpen* ou d'Anvers a tiré ſon nom de la cruauté de ce Géant.

Cette Ville a deux cens douze rues, vingt-deux places publiques & un grand nombre de ſuperbes édifices tant ſacrés que prophanes. L'Égliſe de Notre Dame qui eſt la Cathédrale eſt un ouvrage que l'on ne peut trop admirer; ſa longueur eſt de plus de cinq cens pieds, ſa largeur de deux cens quarante & sa hauteur de plus de trois cens trente ; elle contient un grand nombre de Chapelles enrichies de colonnes de marbre & ornées de belles peintures aussi bien que la nef ; cette Église fut érigée en Cathédrale par le Pape Paul IV l'an 1559.

L'Église des Jésuites est aussi très-magnifique, elle est pavée de marbre, les galeries intérieures qui l'entourent sont soutenues par un grand nombre de belles colonnes. Les quatre voûtes de cette Église sont fermées par trente-huit grands tableaux à bordure dorée, & les murs percés de quarante croisées sont revêtus de marbre. La grande voûte est d'une sculpture délicate chargée d'un petit dôme très-clair & très bien pratiqué. Le maître Autel surpasse tout ce que l'on peut imaginer ; tout y est de marbre, de jaspe, de porphyre & d'or. La chapelle de Notre Dame n'est pas moins riche ; presque toutes les peintures qui ornent cette superbe Église sont de la main du fameux Rubens.

La Maison-de-Ville d'Anvers est d'une très-belle architecture, ayant quatre grands corps de logis tous de pierre de taille, & un très-beau frontispice orné de diverses figures.

La Citadelle, une des plus fortes & des plus régulieres qui se voyent, est de figure pentagone avec cinq bastions qui se défendent l'un l'autre, bien terrassés & contreminés avec leurs fossés larges & profonds qui en rendent les approches difficiles. Elle fut bâtie en 1568 par le Duc d'Albe.

Le port d'Anvers est très-beau & très-commode. Il y a encore huit canaux principaux par où les vaisseaux peuvent entrer dans la Ville; le plus considérable peut contenir jusqu'à cent vaisseaux; on compte soixante & quatorze ponts sur ces canaux.

L'on trouve encore dans le Brabant Autrichien Tirlemont, Lew, Nivelle, Arschot, Hooghstrate, Liere, Vilvarde & quelques autres places trop peu considérables pour mériter une description particuliere.

Les principales Villes du Brabant Hollandois sont Boisleduc, Breda, Berg-op-Zoom, Mastricht & Grave.

La premiere de ces Villes est appellée Boisleduc, à cause qu'elle fut bâtie dans une plaine couverte d'un bois où les Ducs de Brabant prenoient souvent le plaisir de la chasse. Cette Ville est naturellement forte par son assiette, dans un lieu environné de rivieres & de prairies couvertes d'eau & par ses Fortifications ; elle est sur la riviere de Domeles qui y reçoit l'Aade & la Diese, & qui se jette à deux lieues de là dans la Meuse où elle forme l'Isle de Bommer. Cette Ville est grande, belle, bien bâtie & fort peuplée. L'Église Cathédrale de Saint Jean est une des plus magnifiques des Pays-Bas. La place du marché est entourée de beaux édifices ; dix des plus grandes rues y viennent aboutir.

Berg-op-Zoom est une des plus fortes places que possédent les Hollandois, ils y ont fait une demi lune dont la tranchée est garnie de quatre redoutes, & ce Fort est bordé de canons de tous côtés. Il y a un canal qui vient de la Mer par où il peut arriver du secours dans la place, sans que ceux qui la tiendroient assiégée puissent en empêcher l'entrée ; il y a depuis cette Ville jusqu'à la Mer onze Forts bien garnis de canons, avec quantité de redoutes & de palissades le long de la digue, au milieu de laquelle est le Bourg de Terole bien muni & bien fortifié. Du côté de Steenbergen il y a de grands dehors avec quantité de redoutes & de retranchemens. Le port de cette Ville est fort beau, les maisons sont bien bâties, & les places publiques très-grandes. Cette Ville est située en partie sur un petit mont que l'on appelle *Berghe* en Flamand, & en partie sur la riviere de *Zoom*, & c'est de sa situation que lui vient le nom qu'elle porte.

Breda située sur la riviere de Mercke est à trois lieues de la Mer, à huit d'Anvers, à six de Boisleduc, & à un peu moins de Berg-op-Zoom. Elle est de figure triangulaire, & ses remparts bordés d'ormeaux sont revétus de pierre; à chaque angle il y a une porte bâtie de brique, & les courtines sont flanquées de quinze boulevards bordés de canons, & de quatorze boulevards. Ce pays est marécageux, ce qui rend son abord presque inaccessible aux Armées. Son circuit est de quatre mille pas; il contient 2200 maisons. Le Château de Breda est fortifié du côté de la Ville par une bonne muraille bâtie de brique, & au-dehors par des remparts de pierre bien flanqués, défendu par divers ponts, par plusieurs détours & par un double fossé.

Maestricht, enclavée dans le pays de Liege, est située sur la Meuse; au bout du pont est la petite Ville de Wyck qui lui sert de Fauxbourg, & qui est du Limbourg Hollandois. Tongre ayant été ruinée par les Barbares, saint Servais qui vivoit dans le quatrieme siécle transféra le Siége Épiscopal à Mastricht où il demeura jusqu'au septiéme siécle. Un Évêque de Liége vendit cette Ville à l'Empereur Charles V; elle fut cédée aux Hollandois par le huitiéme Article de la paix de Nimegue en 1678, mais à condition qu'ils y permettroient le libre exercice de la Religion Catholique. Saint Lambert vingtiéme & dernier Évêque de cette Ville ayant été martyrisé par les habitans, saint Hubert transféra le Siége Épiscopal à Liége l'an 710.

A deux portées de fusil de la Ville on

trouve le Fort saint Pierre situé sur la croupe de la montagne de même nom, & qui fait face à la Ville. Il consiste en un très-grand bastion casematé avec sa contrescarpe & un chemin couvert. Il y a des lignes de communication & des retranchemens à droite & à gauche qui aboutissent à l'inondation que forment les eaux du Jair entre ce Fort & la Ville.

Grave est une Forteresse située sur la rive gauche de la Meuse ; elle est regardée comme la clef de la Gueldre, parce qu'elle est la derniere Ville du Brabant de ce côté-là. Les eaux de la Meuse remplissent ses larges fossés qui environnent sept grands boulevards, avec des demi-lunes. Cette Ville est à quatre lieues de Boisleduc sur les frontieres de la Province de Gueldre.

Du Duché de Limbourg & de la Seigneurie de Malines.

Le Duché de Limbourg est borné au Nord & à l'Orient par le Duché de Julliers, au Midi il a le Marquisat de Franchimont qui est du pays de Liége, & a l'Occident l'Occident la Meuse le sépare du pays & de l'Évêché de Liége.

Limbourg, Capitale de ce Duché, est située sur la riviere de Weser à sept lieues d'Aix & de Spa & à six de Liége; elle est renommée par ses draps & par ses fromages. Les François la prirent en 1675, & les Impériaux en 1702; elle est demeurée à la Maison d'Autriche par les Traités de Rastadt & de Bade après avoir été démantelée.

La propreté de Malines lui donne le nom de Malines la belle, comme à Anvers la riche, Bruxelles la noble, Louvain la sage, Gand la grande, & Bruge l'ancienne. La riviere de Dele passe au travers, & s'enfle par la marée qui remonte une lieue au-dessus de Malines; elle est presque au milieu du Brabant & regarde en triangle Anvers, Louvain & Bruxelles, dont elle est également éloignée de quatre lieues. C'est non-seulement une belle Ville enrichie de magnifiques bâtimens, mais elle est aussi assez forte, principalement à cause de ses eaux que l'on peut faire aller partout; elle est distinguée en sept Paroisſes ; la Métropolitaine dédiée à St Rombaud eſt extrêmement grande. L'Archevêché y fut fondé par le Pape Paul IV en 1559 avec titre de Primat des Pays-Bas.

Il y a dans cette Ville dix-ſept Corps ou Colleges de Métiers, qui ont droit d'entrer dans le Conſeil & d'y donner leurs voix. Le Magiſtrat eſt composé de ſix Échevins Nobles & de ſix Artiſans. On fait à Malines quantité de couvertures de laine très-fines & de très-belles dentelles. On a compté autrefois dans cette Ville juſqu'à trois mille boutiques d'Ouvriers en laines.

On voit à Malines un long & nombreux Beguinage, qui eſt bâti comme une petite Ville, étant entouré de murailles. Il renferme ordinairement plus de mille Religieuſes, mais à qui il eſt permis de ſe marier quand bon leur ſemble, permiſſion dont elles profitent quelque fois.

Du Comté de Flandre.

Cette Province a pour bornes au Midi l'Artois, le Hainaut & une partie de la Picardie, au Levant le Hainaut avec le Brabant, au Nord l'Océan Germanique avec l'embouchure de l'Escaut, au Couchant la Manche d'Angleterre, & en partie la riviere d'Aa avec le côté de l'Artois qui regarde les Villes de Calais & de Boulogne.

On compte dans cette Province trente Villes entourées de murailles, onze cens cinquante-quatre Villages, quarante-huit Abbayes, une infinité de Prieurés, de Colleges & de Monasteres. Nous ne parlerons dans ce Chapitre que des Villes les plus considérables qui appartiennent à la Maison d'Autriche, & lorsque nous traiterons de la France, nous donnerons la description des Places les plus remarquables que cette Couronne possede dans la Flandre.

Gand, la Capitale de cette Province, est coupée par l'Escaut, par la Lis, & par une quantité prodigieuse de canaux qui partagent cette grande Ville & les environs en plusieurs Isles. Cinquante mille habitans sous l'Étendart de Gand ont été autrefois redoutables aux Puisſances voiſines & à leur Prince même; ſous les Regnes de Philippe le Vallois & de Charles VI Rois de France. Les Gantois ſe vantent que leur Ville fut bâtie par Jules Céſar, dans le tems qu'il étoit à Terouane. Il parle d'eux ſous le nom de *Gorduni*. Le Pape Paul IV y fonda l'an 1559 un Évêché à la ſollicitation de Philippe II Roi d'Eſpagne. Il y a dans cette Ville ſept Paroiſſes & un très-grand nombre de Monaſteres, d'Hôpitaux, de lieux de piété & de Maiſons de Beguines. La Cour du Prince eſt un ancien bâtiment qui a autant de chambres que l'année a de jours.

Les Gantois ſe croyant ſurchargés d'impôts ſe révolterent en 1539, & voulurent ſe mettre ſous la protection de François I Roi de France, qui nonſeulement refuſa leur offre, mais qui eut encore aſſez de générosité pour en avertir l'Empereur Charles-Quint, & pour le laiſſer paſſer par la France lorſqu'il alla dans les Pays-Bas. Ce Prince châtia ſi rigoureuſement la Ville de Gand, qu'elle eut lieu de ſe repentir de lui avoir donné naiſſance. Il y fit exécuter à mort vingt-cinq ou trente des principaux Bourgeois, en proſcrivit un plus grand nombre, confiſqua tous leurs biens, leur ôta leur Artillerie, leurs armes, leurs privileges, les condamna à plus de douze cens mille écus d'amende, & le Magiſtrat à marcher dans les Proceſſions publiques la corde au cou; & afin qu'ils ne puſſent jamais ſe ſoulever, il fit bâtir une Citadelle, & de la plus grande Ville de l'Europe il en fit une ſolitude; mais depuis elle a repris ſon ancien luſtre, & elle a aujourd'hui une Citadelle, de grands dehors, une contreſcarpe, de larges foſſés, de bons remparts & pluſieurs baſtions.

Le Sas de Gand eſt une Fortereſſe de la Flandre Hollandoiſe à quatre lieues de la Ville de Gand ſur le canal tiré de cette Ville à l'Eſcaut.

Le ſecond membre des États de la Flandre, eſt la Ville de Bruges ſituée dans une grande plaine à trois lieues de la Mer. Elle eſt pourvûe d'un grand nombre de canaux navigables pour aller aux Villes voiſines, comme Oſtende, Nieuport, Furnes, Ypres & Dunkerque, où l'on peut aller en un jour par le moyen des barques ordinaires. Le principal négoce de cette Ville, eſt en laines d'Eſpagne, & en vins de France. L'on y travaille beaucoup en futaines, en tapiſſeries, en toiles & en ſerges.

Bruge eſt également diſtante de huit lieues de Gand, de Courtrai, de Furnes & de Middelbourg en Zelande. Elle eſt munie de bons foſſés & de grands remparts. Les édifices publics ſont magnifiques, les Places très-grandes, les rues larges & droites, commençant preſque toutes au grand Marché, & conduiſant droit aux ſix portes de la Ville. L'on y compte juſqu'à ſoixante Egliſes. On voit dans celle de Notre-Dame, le tombeau de Marie-Henriette de Bourgogne, & celui de Charles le hardi ſon pere.

Ce fut dans cette Ville que Philippe le bon, Duc de Bourgogne, inſtitua l'Ordre de la Toiſon d'or l'an 1429. le même jour qu'il conſomma ſon Mariage avec la Princeſſe Iſabelle Infante de Portugal.

La Ville d'Ypres tire ſon nom de la

petite riviere d'Ypres qui la traverse. Cette Ville est bien bâtie, ornée de plusieurs beaux édifices profanes, de Palais & de places publiques. Elle est renommée par ses manufactures qui y font fleurir le commerce. Le Pape Paul IV. y établit en 1559. un Évêché.

L'Ecluse est une Ville Maritime, éloignée de Bruges de trois lieues; c'est un des plus beaux Ports de l'Europe, lequel peut tenir commodément jusqu'à cinq cens Navires. Le Château, situé à côté de la Ville dont il est peu séparé, est une Place trés-forte. Ce fut près de l'Ecluse que Charles VI. Roi de France, fit ce redoutable armement de Mer, contre les Anglois, l'an 1380. qui consistoit en neuf cens Vaisseaux de guerre, un nombre infini de machines, & une Ville de bois qui se démontoit par piece, pour se mettre à couvert de la descente; mais la tempête écarta une partie de ces Vaisseaux, & les Anglois en profiterent.

Ostende est aussi un célébre Port de Mer, entre Bruges, Nieuport & Dunkerque. La Mer lave en tout tems les murs de cette Ville du côté du Septentrion. Son circuit est d'une demi-heure. Elle est de figure ovale, semblable au parallelograme; hormis la ligne droite du côté méridional. Elle est divisée en vieille & en nouvelle Ville. Ses principales fortifications se trouvent à la nouvelle Ville, & elles sont composées de huit boulevards. Son fossé est large & profond, & le canal le renouvelle & le remplit incessamment. Sa contre-escarpe est épaisse, & flanquée de ravelins à l'épreuve des flots. Une grande eau forme une espece de lac, qui fait le port commun de la vieille & de la nouvelle Ville. La premiere a six boulevards qui regardent la Mer: à l'endroit où la vieille Ville s'unit à la neuve à l'Occident, il y a un ravelin ou un esperon surnommé porc-épic; de là commence une digue contre les marées.

Nieuport, située à deux lieues de Furnes, à trois d'Ostende, & à cinq de Dunkerque, est une petite Ville, dont la principale défense consiste dans ses Écluses, qui, dans un instant, peuvent inonder tout le pays d'alentour.

Courtrai

Courtrai eſt une des plus belles & des plus anciennes Villes de la Flandre Autrichienne. Elle eſt ſituée ſur la Lis, à une égale diſtance des Villes de Lille, de Tournay, d'Ypres & d'Oudenarde, qui n'en ſont éloignées que de cinq lieues. Elle étoit compriſe dans la Province des Nerviens ou Tournéſiens, du tems de Jules Céſar. Philippe le Hardi, Duc de Bourgogne & Comte de Flandre, y fit bâtir un Château, & il la fit fortifier de pluſieurs Tours. Les François y perdirent l'an 1302. la fameuſe bataille appellée des éperons dorés; & comme ceux de Courtrai en célébroient tous les ans la mémoire, avec des cérémonies inſultantes pour les François; ceux-ci pillerent & brûlerent Courtrai l'an 1382. Mais elle fut rebâtie dans la ſuite, & eſt devenue très-marchande par le Commerce & les Manufactures de ſes toiles.

Menin eſt une petite Ville ſituée ſur la Lis, dans la Châtellenie de Courtrai. Elle a emprunté ſon nom des Ménaphiens; c'eſt le *Memetacum* des anciens Géographes. Elle a été démantelée par les François qui s'en rendirent maîtres en 1741.

Oudenarde est située sur l'Escaut, entre Gand & Tournay. On attribue sa fondation aux Huns en 411. C'est une Ville forte pour sa situation, & riche par ses belles Manufactures de tapisserie. Louis le Grand la prit en 1667. & elle lui fut cédée par le Traité d'Aix-la-Chapelle; mais il la rendit au Roi d'Espagne Charles II. par la paix de Nimegue.

Le Maréchal d'Humieres la bombarda en 1684. Les François la reprirent & la rendirent en 1706. le 11 Juillet, les François y furent battus par les Alliés; & enfin elle fut reprise par les François le 22 Juillet 1745. C'est la patrie de Marguerite de Parme, du célebre Adrien Brawar, & de Jean Drusius.

Furne n'étoit, dans les commencemens, qu'un Château qu'on avoit bâti pour arrêter les courses des Normans. Baudouin bras-de-fer, premier Comte de Flandre joignit quelques maisons à ce Château, & en 1390. Philippe le bon, Duc de Bourgogne, les fit entourer de murailles. Il y a dans cette Ville une célebre Eglise Collégiale de Sainte Walburge, & une belle Abbaye de l'Ordre de Prémontré. Cette Ville fut prise par les François en 1693. & rendue à la Maison d'Autriche par le Traité d'Utrecht. Les Provinces-Unies en avoient la garde avant que les François la prissent en 1744. Elle est proche de la Mer sur le canal qui va de Bruges à Dunkerque.

Tournay, que l'on croit avoir été fondée plus de six cens avant Jesus-Christ, la plus ancienne Ville de la Gaule Belgique; elle est située à cinq lieues de Lille, sur la Riviere de l'Escaut, qui la divise en deux parties. C'étoit la Capitale des anciens Nerviens: Elle est grande, bien peuplée, bien bâtie & fort marchande: on y compte soixante & dix sortes de métiers. Sa Cathédrale, dédiée à Notre-Dame, est d'une belle structure; Chilperic I. Roi de France, la fonda vers le sixiéme siecle. L'Abbaye de Saint Martin, de l'Ordre de Saint Benoît, est renommée par la beauté de ses édifices, & par la grandeur & la magnificente de son Eglise, à laquelle Louis XIV. mit la premiere pierre. Cette Ville lui fut cédée par le Traité d'Aix-la-Chapelle en 1668. les Alliés la prirent en 1709. elle fut cédée à la Maison d'Autriche par la paix d'Utrecht, & la garde en fut confiée aux Hollandois. Le Roi de France la prit le 19 Juin 1745. & en fit démolir les Fortifications.

A deux lieues de Tournay, près d'un Village nommé Pont-à-Bouvines, se donna la mémorable bataille de Bouvines, où Philippe Auguste, Roi de France, remporta une célebre victoire sur l'Empereur Otthon IV. & où il fit prisonnier Ferrand Comte de Flandre l'an 1214.

Alost fut bâtie dans le cinquiéme siecle par les Gots: ce n'étoit alors qu'un Bourg, qu'ils fortifierent d'un Château l'an 411. pour arrêter les courses des Vandales. Les François prirent cette Ville en 1667. & il s'en sont encore rendus maîtres dans la derniere guerre, mais par le Traité d'Aix-la-Chapelle, elle a été rendue à la Maison d'Autriche, de même que tout ce grand nombre d'autres Villes des Pays-Bas, dont la France s'étoit emparée. Le territoire d'Aloſt comprend environ cent ſoixante & dix Villages, le pays de Vags & quatre Villes; ſçavoir, Hulſt, Axele, Borehoute & Alſenede.

Du Comté de Hainaut, du Comté de Namur, du Duché de Luxembourg & du pays de Liége.

Le Comté de Hainaut tire ſon nom de la petite riviere de Haine, qui ſe jette dans la Trouille au-deſſous de la Ville de Mons. Il a pour limites au Septentrion, le Brabant & la Flandre, au Midi, la Champagne & la Picardie, une partie du Brabant & du Comté de Namur, au Levant & au Couchant, l'Eſcaut qui le ſépare de l'Artois, & d'une partie de la Flandre Françoiſe. Ce pays a environ vingt lieues de longueur, & ſeize de largeur. Il étoit autrefois poſſédée par les Nerviens. L'air y eſt tempéré, & la terre fertile, arroſée de quantité de belles rivieres, comme l'Eſcaut, la Sambre, la Haine, la Dendre, la

Trouille & le Honneau. On y compte vingt-quatre Villes murées, dont Mons & Valenciennes sont les principales.

Le nom que la premiere de ces deux Villes porte, semble lui avoir été donné à cause qu'elle est située sur une colline. Elle est grande & fortifiée de bons remparts avec trois fossés. Il y a un ancien Château, & de beaux édifices, entre autres le Palais où se tient le Conseil de la Province. Mais ce qui fait le plus grand lustre de cette Ville est la célébre Abbaye de Chanoinesses de Sainte Wandru : c'étoit autrefois un lieu solitaire, habité par plusieurs personnes éminentes en sainteté, parmi lesquelles Sainte Wandru, Comtesse du Hainaut, choisit sa demeure, & elle y fit bâtir la magnifique Eglise qui porte son nom. Les Chanoinesses sont toutes filles de qualité. Elles assistent le matin à l'Office Divin en habit d'Ecclésiastique, & elles en prennent un séculier pour le reste du jour; il leur est même permis de se marier. Entre plusieurs choses curieuses que l'on voit dans leur Eglise, on admire un tombeau avec la figure d'un cadavre rongé de vers, si vivement représenté, qu'elle donne également, & du dégoût, par l'horreur qu'elle cause, & du plaisir à la voir, tant elle est artistement travaillée.

Cette Ville fut prise par Louis XIV. en 1691. & reprise par les Alliés en 1706. elle resta à la Maison d'Autriche par la paix d'Utrecht, mais les François la prirent le 10 du mois de Juillet 1746. & la rendirent par la derniere paix d'Aix-la-Chapelle.

Ath est une petite Place, mais très-forte & bien peuplée, située sur la riviere de Dendre, à mi-chemin de Mons à Oudenarde. Les François la prirent en 1697. & la rendirent la même année par le Traité de Ryswich; ils la reprirent en 1701, mais les Confédérés la leur enleverent en 1707. & elle est demeurée sous la puissance de la Maison d'Autriche jusqu'en 1745. qu'elle fut reprise par les François, qui l'ont cédée par la paix d'Aix-la-Chapelle.

Le Comté de Namur, qui n'a que douze lieues de longueur sur une de largeur presque égale, a pour bornes à l'Orient, le pays de Liége, à l'Occident, le Hainaut, au Nord, le Brabant, & au Midi, le pays de Luxembourg. Il renferme les Villes de Namur, Charlemont, Bovines, Charleroy, Valcour, 30 Châteaux, & environ 180 Bourgs ou Villages. Les Namurois sont les Pleumotiens de Jules César.

Namur prend son nom d'une Idole nommée *Nam*, qui signifioit Neptune. Saint Materne Apôtre des Namurois, disciple de Saint Pierre, fit faire cette Idole, d'où vint le nom de *Namutum*, qui s'est insensiblement changé en *Namurum* & *Namurcum*. Elle est située sur le confluent de la Meuse & de la Sambre, entre deux montagnes, & défendue par un Château très-fort, que les François prirent avec la Ville en 1692. & qu'ils furent obligés de rendre le 5 Septembre de l'an 1695. après avoir été assiégée pendant deux mois par l'Armée des Alliés, commandée par Guillaume III. Roi d'Angleterre, & par son Altesse Électorale de Baviere. Les François se rendirent maîtres de cette Place le 5 Septembre 1746. & l'ont rendue par le dernier Traité de paix.

Charleroy n'étoit qu'un Village nommé Charnoy en 1666. Les Espagnols lui donnerent le nom de Charleroy, à l'honneur du Roi d'Espagne Charles II. C'est une Place très-forte située sur une montagne à cinq lieues de Namur, & à six de Mons. Les François la prirent en 1697. & elle fut cédée à l'Empereur Charles VI. par le Traité d'Utrecht; les François la reprirent en 1646. mais le Traité d'Aix-la-Chapelle la remit sous la puissance de la Maison d'Autriche.

Le Duché de Luxembourg est très-étendu; il est borné en partie par l'Evêché de Liége, & en partie par le Duché de Limbourg au Septentrion, par la Lorraine au Midi, par l'Evêché de Treves & la Moselle au Levant, & par la même riviere, & les Ardennes au Couchant. Sa longueur est d'environ soixante & dix lieues. Il renferme près de douze cens Villages, & vingt Villes, mais peu considérables.

Luxembourg, sa Capitale, est situé en partie dans une plaine, & en partie ſur une montagne, au pied de laquelle paſſe la riviere d'Elſe qui la ſépare en Ville haute & baſſe. On croit qu'elle tire ſon nom de ces deux mots Latins *Lucis Burgum* (Bourg de la lumiere) parce que le Soleil étoit autrefois adoré en ce lieu. Cette Ville eſt petite mais forte, tant par ſa ſituation que par ſes fortifications. On voit dans l'Egliſe des Cordeliers le tombeau de Jean de Luxembourg, Roi de Boheme, qui, tenant le partie de Philippe de Valois, Roi de France, contre les Anglois, fut tué à la bataille de Creci l'an 1340.

Les François bombarderent cette Place en 1683. & la prirent l'année ſuivante. Elle fut cédée à l'Eſpagne par le Traité de Ryſwich; les François en prirent de nouveau poſſeſſion en 1701. mais elle fut donnée à la Maiſon d'Autriche par la paix d'Utrecht.

Le pays de Liége étant frontiere du Luxembourg, & enclavé dans le Pays-Bas; nous croyons que c'eſt ici le lieu d'en faire la deſcription : ce pays qui fait partie du cercle de Weſtphalie, a pour limites au Levant les Duchés de

Limbourg & de Juillers, au Couchant le Brabant & le Comté de Namur, au Septentrion une partie du Brabant & de la Gueldre, & au Midi le Duché de Luxembourg & les Ardennes. Ce pays étoit anciennement habité par les Condrusiens dont il est parlé dans les Commentaires de César; c'est le Condros d'aujourd'hui dont Hui est la Capitale. L'air y est bon & tempéré & la terre fertile en grains, en fruits & en gibier. La riviere de Meuse qui l'arrose d'un bout à l'autre contribue beaucoup à sa fertilité. On y trouve des mines de fer & de plomb, des carrieres de marbre & beaucoup de charbon de terre. L'on y compte cinquante-deux principales Baronies, grand nombre d'Abbayes, & plus de quinze cens Villages. Les principales Villes après Liége sont Tongres, Hui, Maestricht, Dinant, Saint Tron, Bouillon, Fumai, Thuin, Saint Hubert, Rochefort, &c. Nous nous contenterons de donner la description de la Capitale de ce pays.

Liége est une Ville très-ancienne; l'on croit qu'elle a été bâtie par Ambiorix Prince Gaulois dont César fait mention dans ses Commentaires. C'est une belle, grande & magnifique Ville située dans une vallée environnée de grandes montagnes que divers vallons séparent, avec d'agréables prairies par où coulent de petites rivieres qui se déchargent dans la Meuse avant qu'elle entre dans la Ville, qu'elle sépare en deux parties. La Cathédrale dédiée à Saint Lambert est célébre par son Chapitre où l'on ne reçoit point de Chanoine qui ne soit Gentilhomme ou Docteur. L'Évêché qui avoit été premiérement établi à Tongre & puis à Mastricht, fut transféré à Liége par saint Hubert successeur de saint Lambert Évêque & Martyr. On y compte huit Églises Collégiales, trente-deux Églises Paroissiales, dix-sept Églises Conventuelles d'hommes, seize de femmes, dont plusieurs portent le titre d'Abbayes & neuf Hôpitaux. Les édifices publics sont le Palais Épiscopal qui est très-magnifique, la Maison-de-Ville, la grande Halle, l'Arsenal, seize Portes & dix-sept ponts.

Il y a dans cette Ville un grand nombre d'Armuriers, ce qui vient de la commodité du charbon de terre qui ſe trouve dans le pays & que l'on y brûle communément, comme on le brûle à Londres. Ce charbon eſt appellé houille à cauſe d'un certain maréchal nommé *Prudhomme le Houilleux* qui en fit la premiere découverte. On dit qu'un phantôme ſous la figure d'un vieillard habillé de blanc lui en enſeigna la mine.

Les vignobles dont les côteaux de Liége ſont preſque tous couverts, méritent bien d'être remarqués à cauſe du climat, il eſt vrai que les vins en ſont foibles. Ces mêmes montagnes renferment pluſieurs carrieres de très-beau marbre noir.

Cette Ville fut bombardée en 1691, & livrée aux François; en 1701 les Alliés la reprirent l'année ſuivante. Elle fut rendue à ſon Évêque par le Traité de Bade.

Fin du Tome troiſiéme.

BIBLIOTHEQUE ROYALE

www.ingramcontent.com/pod-product-compliance
Lightning Source LLC
LaVergne TN
LVHW010434160826
845677LV00001BA/222
* 9 7 8 2 3 2 9 6 1 5 3 8 7 *